Reinhold Stecher Geleise ins Morgen

RSI
94

Reinhold Stecher

Geleise ins Morgen

Mit 30 Farbbildern des Autors

Tyrolia-Verlag • Innsbruck-Wien

Mitglied der Verlagsgruppe »engagement«

Bibliografische Information Der Deutschen Bibliothek
Die Deutsche Bibliothek verzeichnet diese Publikation in der Deutschen Nationalbibliografie; detaillierte bibliografische Daten sind im Internet über http://dnb.ddb.de abrufbar.

2004

Die 1. Auflage dieses Buches ist 1995 im Druck- und Verlagshaus Thaur GmbH erschienen.
Umschlagbild: Reinhold Stecher
Umschlaggestaltung: unisono Werbeagentur, Innsbruck
Typografie, Satz: Michael Karner, www.typografie.co.at
Schrift: Rialto, df-type
Druck und Bindung: Athesia-Tyrolia Druck, Innsbruck
ISBN 3-7022-2596-X
E-Mail: buchverlag@tyrolia.at
Internet: www.tyrolia.at

INHALT

VORWORT

Da ich durchaus das Gefühl habe, dass »Eisenbahnmeditationen« ein eher ungewöhnlicher spiritueller Ausgangspunkt sind, fühle ich mich zu einem kleinen Vorwort verpflichtet. Vielleicht ergeht es dem einen oder anderen Leser auch so: Wenn er sich's im Eisenbahnabteil bequem gemacht hat und der Zug leise aus dem Bahnhof rollt – zur weiten Fahrt übers Land, erfährt der Alltag eine angenehme Unterbrechung. Das Ambiente hat zwar nicht die Ausstrahlung von stillen Kreuzgängen und hohen Domen, aber das Coupé verwandelt sich für mich doch in einen bescheidenen Raum des »Endlich-allein-sein-Dürfens«, in eine kleine »beata solitudo«, eine wohltuende Einsamkeit, wie es der hl. Benedikt genannt hat.

Das Faxgerät ist abgeschaltet, der Poststapel auf dem Schreibtisch kommt aus dem Sinn, und wenn man Glück hat, piepst kein Handy im Abteil. Es gibt weder Klingeln noch Klopfen an der Zimmertür und keine Konferenz und keine Debatten. Es ist wie bei einem Schiff, das alle Leinen am Kai gelöst hat und nun aufs offene Meer hinaussteuert …

Und dann ist da der Blick aus dem fahrenden Zug. Das Vordergründig-Nahe, sonst so Wichtige, wischt vorbei: die Masten, Bäume, Häuser, Siedlungen, Fabriken, Lagerhallen, Felder, Wiesen … Das alles wird unwirklich, schattenhaft und eingetaucht in die Vergänglichkeit. Nur die große, weite Landschaft wandert langsam mit, sinkt geruhsam zurück und öffnet sich allmählich neuen Horizonten. Manchmal, bei Langsamfahrstellen, kommt auch das Kleine wieder zu seinem Recht. Aber eine Eisenbahnfahrt bringt mir oft eine Atmosphäre, die Thomas von Aquin die »magnanimitas«, das »Sich-Spannen-des-Geistes-auf-die-großen-Dinge« genannt hat. Und so sind mir

auf der Fahrt viele Dinge in den Sinn gekommen, auch fast alles, was in diesem Buch steht:
Gedanken, die mich als Seelsorger bewegen, ein paar Gedichte, die mir der Rhythmus der Räder herausgerüttelt hat, und Bilder, die keinen künstlerischen Anspruch erheben, aber als Versuch gelten mögen, die Welt als Symbol zu sehen ...

VORWORT ZUR NEUAUFLAGE

Seit der ersten Auflage ist nun einige Zeit verflossen. Aber ich hoffe, dass die seelsorglichen Erfahrungen, die sich in diesem Buch niedergeschlagen haben, immer noch eine gewisse Geltung beanspruchen können. Die grundlegenden Sehnsüchte und Belastungen der Menschen sind ja gleich geblieben.

Reinhold Stecher

GELEISE INS MORGEN

Welchen Platz bevorzugen Sie in der Bahn? Sitzen Sie lieber in Fahrtrichtung oder gefällt Ihnen das Zurückschauen besser? Es hat beides seinen Reiz. In dem großen Intercity, der aus dem irdischen ins himmlische Jerusalem fährt und den man »Kirche« nennt, sitzen sehr viele Menschen – wenn man den Befragungen Glauben schenkt – lieber gegen die Fahrtrichtung und schauen in die Vergangenheit zurück, in das Gestern. Manchmal tun sie es mit einem verklärten Blick in eine versunkene »gute alte Zeit«, die mehr dem nostalgischen Traum als der Wirklichkeit angehört. Bei Untersuchungen hat immer nur ein sehr kleiner Prozentsatz der Befragten das Wort »Kirche« mit »Zukunft« verbunden. Die Kombination »Kirche« und »Vergangenheit« war hingegen häufig.

Nun fährt natürlich mit diesem Intercity, der an einem strahlenden Ostermorgen gestartet und mit dieser Botschaft in die Weltgeschichte hineingerollt ist, eine reiche Vergangenheit mit, ein Schatz an tröstenden Geheimnissen. Trotzdem möchte ich für diese kleine Betrachtung bitten, den Platz zu wechseln und nach vorne zu schauen.

Dabei geht es keineswegs um phantastische Zukunftsträume. Die Futurologie, die Wissenschaft von der Zukunft, ist eigentlich ein sehr behutsames und vorsichtiges Unternehmen. Selbst im Bereich der Technik und der Wirtschaft, wo doch manches berechenbar ist, werden nur zurückhaltende Voraussagen gemacht. Und selbst diese müssen oft revidiert werden. In geistigen Bereichen kann man viel weniger voraussagen. Ich will nicht so tun, als wüsste ich, wie es mit der Kirche im dritten Jahrtausend aussehen wird. Dass wir ins dritte Jahrtausend gestartet sind, mag uns mit einem Seitenblick auf andere »tausendjährige Reiche« mit einer gewissen Gelassenheit erfüllen. Die sind ziemlich schnell in den Kurven der Weltgeschichte entgleist.

Aber diese Gelassenheit heißt nicht, dass wir uns den Blick in die Zukunft ersparen dürfen. Wir müssen den Heiligen Geist bitten, dass er uns auf der einen Seite ein tiefes Verstehen der Offenbarung schenkt und auf der anderen einen nüchternen Blick für die Situation von heute. Vielleicht gelingt es dann, für das Morgen die richtigen Akzente zu setzen.

Wie ich einmal in meinem Heimatbahnhof gewartet habe, ist mir ein Gedanke gekommen, der vielleicht etwas Skurriles an sich hat: Ich habe den Bahnhof mit den vielen einlaufenden, rangierten und auslaufenden Zügen mit einer Ortskirche verglichen. Sie ist auch so etwas Ähnliches wie ein Bahnhof. Auch in diesen Bahnhof einer Diözese laufen die Züge von gestern ein, beladen mit dem Segen und der Last der Vergangenheit, werden aufgehalten, vielleicht neu zusammengestellt und erweitert, erhalten hie und da neues Personal und setzen die Fahrt in die Zukunft fort.

Ich habe meinen Heimatkirchenbahnhof kennen gelernt, angefangen vom kleinen Verschubdienst in der Seelsorge, und darum steht mir viel Konkretes vor Augen, wenn ich über die Geleise ins Morgen nachdenke.

Wohin sollen sie führen, die Geleise in die Zukunft der Kirche?

GELEISE IN DIE TIEFE

Wenn man von Innsbruck nach Süden fährt, taucht der Zug sofort in den ersten Tunnel ein. Und wenn nicht alle Zeichen zukünftiger Verkehrsplanung trügen, werden Tunnels, Unterflurtrassen und Untergrundbahnen immer aktueller ...

Auch in der Kirche gibt es eine gebieterische Aktualität für die Fahrt in die Tiefe. Der große Theologe Karl Rahner hat einmal gesagt, dass die Kirche der Zukunft eine mystische sein müsse, wenn sie bestehen wolle. Aber das Wort »mystisch« verlangt eine gewisse Klärung. Damit ist nicht das Untertauchen in weltferne Frömmigkeiten gemeint, der Trip in Ekstasen und Konzentrationstechniken zur Überwindung der Schwerkraft. Und hierher gehören auch nicht jene Sonderzüge, die von Magie und religiöser Sensationslust zusammengestellt werden und gar nicht selten in richtige Geisterbahnen einbiegen, mit Drohbotschaften, Dämonenangst, unkontrollierbaren »Privatoffenbarungen« und einem phantastischen Geheimwissen ... (Es gibt auch im Verkehrsnetz der Kirche unnütze Seitenbahnen, die man stilllegen müsste ...) Die »Geleise in die Tiefe« meinen die Mystik im ursprünglichen Sinn des Wortes: das »Verbundensein mit dem Geheimnis« im altchristlichen Sinn. Das heißt also, dass wir in Zukunft mit Christus eine lebendigere Einheit suchen müssen – in der Schrift, im Gebet, im Sakrament, in der Liturgie und in der Spiritualität. Wenn ich diese Geleise an erster Stelle nenne, dann drücke ich damit die Überzeugung aus, dass der entscheidende Akzent nicht auf den Fragen der Organisation, der Machtverteilung, der Intelligenz und der kirchenbetrieblichen Tüchtigkeit liegen darf. Das erste Gewicht wird immer in der Tragfähigkeit der Beter, im Erfülltsein von Christus, in der stillen Dienstbereitschaft für das, was der Herr will, im redlichen sittlichen Bemühen und im Tunneldunkel des Kreuzes liegen.

Diese »Geleise in die Tiefe« gibt es. Ich sehe diese Schienenstränge bei Nachtwallfahrten oder Bibelrunden aufblitzen, im Schweigen des Karmel oder in der jungen Familie, die mit ihren Kindern Advent feiert. Sie werden in Rosenkränzen sichtbar, die durch alte Hände gleiten, im Licht, das vor einem Marienbild flackert, im kleinen

Blumenstrauß vor einem Kreuz, im Hinnehmen eines schmerzlichen Abschieds, im mühsamen Gebet schlafloser Nächte …

Die Einfahrt in den Tunnel ist nun einmal mit Dunkelheit verbunden. Bei den Geleisen in die Tiefe ist auch fast immer ein Stück Dunkel dabei, sei es das Dunkel des Geschicks oder das Dunkel des Glaubens.

Und der Zug, der in den Tunnel jagt, wird nicht mehr gesehen. Die Wege in die Tiefe haben im Allgemeinen keinen besonderen Stellenwert in der Öffentlichkeit. Hie und da brechen sie durch – wenn ich zum Beispiel an die hunderttausend jungen Menschen denke, die sich im Zeichen Taizés versammeln. Da wird erfahrbar, dass es in unserer so oberflächlich orientierten Welt auch diese Strömung gibt. Aber meistens bleibt die Trasse in die Tiefe in der Verborgenheit.

Darum habe ich dieses Geleise an erster Stelle genannt. Die wichtigsten Investitionen sind auch im öffentlichen Leben die, die man nicht sieht. Aber so wie die großen Städte nicht ohne Untergrundbahnnetz zurechtkommen, so kommt auch die Kirche ohne die verdeckten Schienen der Innerlichkeit, der Ergriffenheit, der Kultur der Anbetung und der Meditation niemals ans Ziel.

Dieser Weg in die Tiefe der Botschaft und des Glaubens hat heute noch eine besondere Aktualität. Es gibt derzeit viele redliche und engagierte Christen, die an manchen Erscheinungen der Kirche leiden. In einer derart belastenden Stunde der Kirchengeschichte ist es besonders wichtig, dass man über den Schatten im Vordergrund das strahlende Geheimnis der Erlösung im Hintergrund nicht aus den Augen verliert. (Das erinnert mich an einen Abend vor dem kleinen Kirchlein St. Konstantin am Schlern. Es lag schon im Nachtdunkel. Aber dahinter verklärte das stille Leuchten die Tausendmeterwände des Schlern und der Santnerspitze …)

In der Geschichte des Gottesreiches hat es diese Situation schon öfters gegeben: Wir können uns gar nicht vorstellen, in wie viel Machtgier, Geldstreben und Verweltlichung in der zweiten Hälfte des 15. Jahrhunderts die Kirche verstrickt war. Damals ging Nikolaus von der Flüe in die Einsamkeit und erfuhr das Geheimnis des erlösenden Gottes in einer zeitlos gewordenen Schau. Ein frommer Mönch schrieb damals die »Nachfolge Christi« und stellte damit das Wesen des Christseins mitten in eine verkommene Zeit. Und Ignatius von Loyola drang mit seinen Meditationen in der Höhle von Manresa in das Verstehen des göttlichen Heilswillens ein und bahnte seinen Exerzitien eine ganz entscheidende Trasse in die Zukunft. Sie waren alle zusammen »Tunnelchristen«, zu ihrer Zeit im Abseits der kirchenpolitischen Turbulenzen und Machtspiele. Aber die Geleise, die sie gelegt haben, konnten dann Berge von Schuld und historischen Versäumnissen durchstoßen.

Die große Bergstrecke des Heils kommt ohne Tunnels und Galerien nicht aus. Nur der Einstieg in die Tiefe und die Besinnung auf das Wesentliche garantieren die Weiterfahrt durch alles, was sich da in Welt und Leben quer legt. Und – ganz finster wird es ja selten. In deinem Abteil brennt immer noch das Licht, wenigstens das kleine Leselämpchen der Hoffnung, außerdem hat der Herr in seiner Verkehrsplanung keine endlosen Tunnels des Leids vorgesehen.

GELEISE IN DIE WEITE

Die Bahnen meiner Heimat haben einige Strecken mit atemberaubendem Panorama. Manchmal fahren auf diesen Routen Züge mit gläsernen Aussichtswagen ...

Wir brauchen auch für die Kirche Geleise, die ins Weite führen, Züge, die mit Aussichtswagen bestückt sind. Ich meine damit die Voraussetzungen für eine Reise in die *geistige Weite* und die Notwendigkeit, dass in der Kirche Menschen mit Horizont agieren und dass Menschen in ihr hie und da das erfahren, was man die umfassende Schau des Daseins nennt. Und wie bei der Eisenbahn ist es auch auf der Reise des Glaubens: Tunnel und Panoramastrecke folgen oft unmittelbar aufeinander. So gehören die Geleise in die Tiefe und in die Weite zusammen: Echte Frömmigkeit macht weit. Sie weiß den Unterschied von Wesentlich und Unwesentlich. Glaubenstreue und Weitblick, Traditionsbewusstsein und Offenheit sind an sich kein Widerspruch.

Das lehrt der Heilige Geist selbst im Alten Testament. Ich durfte einmal vor vielen Jahren eine mehrjährige Reise der Wissenschaft in die ferne Welt der Weisheitsbücher unternehmen, die in den letzten Jahrhunderten vor Christus geschrieben wurden. Und da bin ich auf die Tatsache gestoßen, dass diese ungenannten frommen Verfasser mit einer großen Kühnheit alle rundherumliegenden heidnischen Kulturen durchforscht haben. Und überall haben sie gültige Erfahrungen gefunden, haben sie gesammelt und gesiebt, und so finden sich in diesen Büchern der Heiligen Schrift ägyptische Hymnen und babylonische Texte, arabische Sprichwörter und ugaritische Literatur, griechische Wendungen und die Tugendlehre des Aristoteles sowie die ganze erwachende wissenschaftliche Gedankenwelt der hellenistischen Kultur (Sie müssen nur einmal das 7. Kapitel im »Buch der Weisheit« lesen). Und diese kühne Panoramatrasse, diese Fahrt ins Abenteuer des Geistes hat der Heilige Geist selbst gewollt. Er war sozusagen das Reisebüro, das diese Fahrt in die Weite organisiert hat. Denn Er ist der Urheber der Schrift.

Fahrt durch die Martinswand

Nach dem Dunkel
und dem Dröhnen
im Tunnel
kommt das Gleißen
dieser Helle
viel zu schnell.

Felsen stürzen
in die Tiefe
wie mein Blick, –
aber dieser
fällt ins wogend-
weite Glück.

Fällt ins wogend-
weite, sonnen-
warme Tal,
wo sie eben
Hochzeit halten –
Strom und Strahl.

Strom der Zeit
und müder
Strom der Welt –
weißt du,
welches Licht
dich überfällt?

Darum bin ich so überzeugt, dass Er die Geleise in die weiten Horizonte auch heute will. Er will die offenen Fenster und die Aussichtswagen. Und darum braucht es theologische Fakultäten, wissenschaftliche Institute, Seminare und Bildungseinrichtungen von Niveau für Laien und Priester. Wir brauchen die lebendigen Kontakte zu den Wissenschaften. Das ist – wie damals im Alten Testament – der »Reichtum der Völker«, der in die Heilige Stadt flutet. Damit wir in der Liebe und in der Wahrheit wachsen können, brauchen wir zur Botschaft des Evangeliums auch die Erkenntnisse von Anthropologie und Medizin, Verhaltensforschung und Psychologie, Pädagogik und Geschichtsforschung, Religionswissenschaft und Kulturgeschichte ... Natürlich muss man sieben und prüfen. Aber wir sollen das Gold aus allen Bächen waschen, die durch die Geschichte der Menschheit strömen. Dazu braucht man aber die Schüssel der Lernbereitschaft.

Vielleicht kommt es manchem Leser etwas merkwürdig vor, dass eine lehrende Kirche gleichzeitig eine lernende sein sollte. Aber das ist kein Widerspruch. Es hat auf der Fahrt der Kirche durch die Geschichte immer wieder neue Aufrisse und Visionen gegeben. Jesus hat ja selbst zu den Jüngern gesagt, dass sie vieles erst in Zukunft verstehen werden (Joh 14,26). Und wenn wir an manche ethische Detailfragen denken, dann hat die Christenheit doch große Lernprozesse hinter sich: Man erinnere sich nur an den Umgang mit der Gewalt von den Religionskriegen bis heute, an die allmähliche Erfassung der Menschenrechte oder an die moralische Beurteilung von Menschen, die unter psychischen Störungen und Krankheiten leiden ... Die Liebe zum Menschen verlangt ein ständiges Lernen. Zur lehrenden Kirche gehört also auch eine gewisse Demut.

Die Geleise in die Weite sind natürlich auch mit Risiken verbunden. Derartige Eisenbahntrassen sind oft kühn angelegt. Es gibt darum – wie bei allen menschlichen Erkenntnisfortschritten – manchmal den Preis des Irrtums. Man wird gewissen Einseitigkeiten nie ganz auskommen. Wenn die Bahn die Richtung ändert und in eine Kurve einbiegt, ist ja auch ein Gleis leicht überhöht. Und so braucht es in der Kirche manchmal einen Überakzent, wenn sie die Kurven durch die Weltgeschichte schaffen will. So war es etwa in der radikalen Armut des hl. Franziskus, die seine Jünger einfach nicht nachvollziehen konnten. Auch Bewegungen wie die liturgische oder die Befreiungstheologie haben manchmal ein Gleis überhöht. Diese unvermeidlichen Einseitigkeiten dürfen sich nur nicht zu fundamentalen Irrtümern auswachsen, die die Substanz der Botschaft gefährden. Und darum braucht es die Streckenüberwachung durch das Lehramt. Aber wenn man in der Kirche bei jedem kritischen oder ungewohnten Gedanken, der keineswegs ein Dogma oder die gesicherte Lehre der Schrift verletzt, das Signal »Stopp – Häresie« herunterlässt, dann fürchte ich um die Reise in die Weite des Geistes. Da muss ja die Fahrt zum Bummelzug werden. Und welcher wache Geist wird da noch einsteigen? In den Fahrdienstleitungen muss das Verantwortungsbewusstsein regieren, aber nicht die Angst.

Ich gestehe, dass mich die Panoramastrecke des Kirchenzuges fasziniert. Der Mensch hat eine tiefe Sehnsucht nach der befreienden Schau des Ganzen in der Seele. Und das gilt gerade für eine Zeit, in der der Mensch von einer verwirrenden und ermüdenden Fülle von Daten, Informationen und ständig wachsenden Schutthalden positiven Wissens umgeben ist. Das alles bietet keinen sinnstiftenden Zusammenhang mehr. Auf den Landkarten für die Lebensreise ist heute alles Mögliche eingezeichnet – aber die Aussichtspunkte fehlen. Und hier hat der Glaube eine Chance, wenn er in seiner Tiefe erfasst wird.

In einer eiskalten Jännernacht wurde mir einmal auf einem Pass des nordnorwegischen Felsengebirges ein wunderbares Erlebnis geschenkt. In einer Gegend, wo sich Rentier und Polarfuchs gute Nacht sagen, sah ich zum ersten und einzigen Mal ein so genanntes Kronennordlicht. In der sternenklaren Polarnacht flammte über dem Rundhorizont ein Lichtstreif auf, von dem die Strahlen zum Zenit, zum Polarstern emporschossen, sodass das Ganze wie eine riesige leuchtende Kaiserkrone im nachtdunklen Universum aussah. Die Sterne blitzten durch die Lichtstrahlen wie Edelsteine ... Dieses erhellte Weltall, das trotz seiner Dunkelheit von einer Struktur des Lichts auf ein Zentrum hin durchformt war, ist für mich immer ein Symbol der großen Weite geblieben, der Zusammenschau des Daseins in Christus. Im Evangelium leuchtet diese Panoramastrecke des Geistes im Prolog des Johannes auf. Und sie wird in der Summa eines Thomas von Aquin genauso sichtbar wie in den Visionen eines Teilhard de Chardin oder im Werk John Henry Newmans oder Karl Rahners.

Die Kirche von morgen braucht die Geleise in die Weite.

GELEISE INS MITEINANDER

Daran muss ich denken, wenn der Zug den Großbahnhof verlässt und die vielen Parallelgeleise sich mit Querverbindungen und Weichen zu vernetzen beginnen und immer neue Stränge sich einbinden. Die Räder des Zuges registrieren diesen Vorgang jedes Mal mit einem leichten Schlag und einem Beben, das bis in die Abteile der Reisenden reicht, gerade so, als sei das vielfache Miteinander der Schienen nicht ganz ohne Probleme.

Auch die Geleise des Miteinander hat der Herr gelegt, damals, als der Zug aus dem Bahnhof der Heilsgeschichte

rollte. Am Vorabend des Leidens hat er zu den Seinen gesagt: »Vater, lass sie eins sein, wie wir, du und ich, eins sind …«

Auch damals hatte die Fahrt ins Miteinander keinen glatten Start. Selbst in der so schicksalsschweren Stunde des Abendmahls gab es im Jüngerkreis geheimen Ehrgeiz und Rivalitäten, verborgene Machtansprüche und beschämenden Geltungsdrang. Und der Sohn Gottes hat zur Wasserschüssel gegriffen, um ihnen in der Rolle des Sklaven die Füße zu waschen. Er hat gewusst, was die Geleise in die Einheit immer wieder gefährden wird: der Egoismus und Eigensinn des Einzelnen und der falsche Umgang mit Autorität und Macht.

Die Erfahrung des Miteinander scheint auch im Intercity des Heils, der ins Morgen fährt, entscheidend für die Stimmung der Reisenden zu sein. Das Erlebnis konkreter Gemeinschaft in der Kirche schafft so etwas wie Fahrkomfort: Man fühlt sich wohl, wenn man ein Klima des Miteinander zu spüren bekommt.

Ich will mich nicht zuerst bei den holpernden Weichen und hemmenden Baustellen aufhalten, die unseren Zug einbremsen. Ich möchte mich lieber fragen, wo man heute das Kirchenmiteinander positiv erlebt. Vielleicht in jener Volksschulklasse draußen auf dem Land, in der ich die Frage gestellt habe: »Wer gehört zur Kirche?« Nach eifrigem Handgefuchtel hat ein Achtjähriger prompt erklärt: »Mir!« (was auf Tirolerisch »wir« heißt). Wenn man mich im selben Alter so gefragt hätte, dann hätte ich vermutlich gesagt: »Der Pfarrer, der Kaplan, die Schwester vom Kindergarten und vielleicht der Mesner …« (Aber Letzterer schon mit Vorbehalt: Er war beweibt, saß öfters im Wirtshaus, und darum wäre er bei frommen Aufzählungen wahrscheinlich durchgefallen.)

Auf der einen Seite muss ich offen gestehen, dass es das »Wir-Erlebnis« heute öfter gibt als früher. Ich habe es in beglückender Weise im Teamwork von Gemeinden, im Engagement unzähliger Menschen in Organisationen und Initiativen aller Art erfahren. Ein Hauch von »wir« liegt über dem Einsatz für Kranke und Sterbende, in der Zusammenarbeit für Kirchenrenovierungen, in Chören und Musikgruppen. Wir-Gefühle wachsen in Jungscharlagern mit tausend Kindern und in den vollen Pilgerzügen. Und das Wir-Erlebnis greift über Gemeinde und Nachbarschaft hinaus in die weite Welt, umfasst albanische Dörfer und südamerikanische Slums. Diese feinen Netze des Wir reichen von den kleinen, familiären Kreisen der Ortskirche bis über Kontinente. Mir scheint auch, dass in vieler Hinsicht die Trennung von klerikaler und laikaler Kirche besser überbrückt wird als in meiner Jugendzeit. Es fahren immer weniger Kleriker in den exklusiven Weihraucher-Abteilen eines überzogenen Würdebewusstseins, eine Entwicklung, die der Größe des Priestertums wahrhaftig keinen Abbruch tut.

In einem sehr zentralen Punkt der Kirche ist in dieser Epoche auch ein neues Miteinander aufgebrochen: das Miteinander rund um den Altar. Hier haben die liturgische Bewegung und das Konzil viel geändert. Wir haben eine Mitte, zu der wir alle gehören. Um bei der Bildwelt der Eisenbahn zu bleiben: In unserem Intercity des Heils fährt ein Speisewagen mit, in dem alle aus allen Wagen und Klassen zusammenkommen. Es ist der Speisewagen der Eucharistie, und im Kirchenzug ertönt wie im Intercity immer wieder die Durchsage: »In der Mitte des Zuges befindet sich ein Speisewagen, in dem wir Sie gerne erwarten ...« Er fährt seit jenem denkwürdigen Gründonnerstag mit, weil es der Herr so wollte. Er ist der entscheidende und zentralste Punkt des Miteinander. Und darum darf dieser Speisewagen aus den Zugsgarnituren Gottes nicht verschwinden. Und keine Bahnverwaltung kann dieses Wegrangieren achselzuckend damit begründen, dass eben zu wenig Personal vorhanden sei ...

Nachtschnellzug

Schatten nur, verschwimmende Gesichter,
und ein letztes Winken fasst der Blick.
Straßenlampen, neongrelle Lichter
sinken müde mit der Stadt zurück.

Eine Turmuhr leuchtet noch zum Schlusse
über Dächer. Ziffern seh' ich nicht.
Lichtreflexe tanzen auf dem Flusse
für Sekunden – dann verlöscht die Sicht.

Nur die Räder tanzen in den Ohren,
stampfen ihren Tanz durch Zeit und Raum,
hämmernd, leiser werdend und verloren
stolpern sie hinüber in den Traum.

Und es träumt sich gut im leichten Beben
dieser Ecke, die die Welt durchjagt.
Und beinahe wird der Traum zum Leben:
Seine Nachtfahrt ist zu Ende, wenn es tagt.

In dieser Weltstunde stört nichts mehr als das Versagen des Miteinander-Schienennetzes. Der Mensch leidet doch in dieser urbanisierten und überzivilisierten Welt an Vereinsamung. Die sich überstürzenden Neuerungen im Bereich der Kommunikationstechnik werden daran gar nichts ändern: Trotz des Faxgerätes im Wohnzimmer, des Videotelefons auf dem Nachtkästchen und des Handys in der Aktentasche steigt die Isolation. Der Mensch braucht mehr Herz. Deshalb hängt vom Gelingen des Miteinander ein gutes Stück Glaubwürdigkeit der Kirche ab.

Und so schmerzen die eingefrorenen Weichen der geistigen Unbeweglichkeit und die Schneeverwehungen der unnötigen Vorurteile, die dem Kirchen-Intercity die großen Verspätungen eintragen. Diese nachkonziliare Fahrstrecke kennt nicht nur die Entfaltung, sondern auch die Störungen des Miteinander: Schwierigkeiten im Bereich von Hierarchie und Basis; ungelöste Fragen im Verhältnis von Ortskirche und Zentrale; das uralte, im ersten Jahrtausend der Kirche gültige Gesetz, dass für das Amt in der Kirche auch das Vertrauen von unten da sein muss, und dass man mit einem System von Weisung und Loyalität allein nie das Auslangen findet, wird von manchen für unwichtig gehalten; und dass aktive Mitverantwortung immer auch eine gewisse Form von Mitsprache erfordert, hat sich als allgemeine Erkenntnis nicht überall durchgesetzt. Und so fährt der Intercity des Heils wegen hausgemachter Baustellen im Schritttempo. Und es sind gerade die engagierten Mitreisenden, die da fürchten, dass er die Anschlüsse in unserer Gesellschaft verpasst. Die nur im Schlafwagen mitfahren, kümmert das weniger.

Ich weiß, warum ich so für den Ausbau der Geleise des Miteinander plädiere. Denn manchmal habe ich das Gefühl, dass die Geleise nicht zusammenlaufen, sondern auseinander. Und wer die Kirchengeschichte einigermaßen kennt, weiß, was mit den Schienen geschieht, die sich da lösen und ins Abseits entschwinden: Selten kehren sie zurück. Die Wiedervereinigung ist mühsam. Manchmal verändert sich die Spurweite der Lehre so, dass das Miteinander kaum mehr zu verwirklichen ist. Es geht heute in der Kirche ein Gespenst um, das die Geleise der Einheit bedroht, die dem Herrn so am Herzen gelegen sind: Es ist das Gespenst der Polarisierung. Am gefährlichsten wird es dort, wo man häretisiert, trotzdem nur eine andere Meinung, aber keineswegs eine Häresie, eine Leugnung einer Glaubenswahrheit geäußert wird. Und ebenso bedenklich ist die Ausbreitung eines hemmungslosen Individualismus, der sich die grundsätzliche Route des Heils selber festlegt.

Auch im Bereich der Weltanschauung und Religion gibt es heute einen überbordenden Individualverkehr, der auf ein Chaos hinsteuert. Viele wollen überhaupt in keinen Zug einsteigen. Es ist kein Trost, wenn man feststellen kann, dass es im gesellschaftlich-politischen Bereich ganz ähnlich zugeht.

Umso mehr gilt: Man muss in der Kirche auf die besorgten Stimmen hören, und man muss alles tun, eingefrorene Weichen aufzutauen und das Schienennetz des Miteinander fahrtüchtig zu machen.

Eines hat der Herr versprochen: dass sein Intercity nie in die absolute Katastrophe, in das endgültige Scheitern fahren wird. Der Kirchenzug wird nicht im Eisenbahnmuseum der Weltgeschichte landen. Aber deshalb ist er nicht gegen Verspätungen, Versäumnisse und verpasste Chancen gefeit. Und darum sind hinsichtlich der Geleise des Miteinander alle gefordert: Bahnverwaltung und Stationsvorstände, Zugpersonal, Streckendienste und Mitreisende. In diesem Bereich muss es für die Kirche der Zukunft auch den Mut zur Innovation geben. Das Miteinander muss in allen Bereichen besser werden, nicht nur auf den untersten Ebenen.

GELEISE DES PASTORALEN FEINGEFÜHLS

Das Fahrerlebnis auf der Eisenbahn hat sich im Laufe meines Lebens sehr gewandelt. Wenn ich an die Viehwaggons denke, in die man uns einmal hineingepfercht hat, um uns von einem Kriegsschauplatz zum anderen zu karren, an die Löcher in den Wänden, durch die der eisige Wind hereinpfiff, das Stoßen und Rütteln beim Verschub, den Geruch von fauligem Stroh und Ruß und die Suppe, die wir auf irgendeinem finnischen Bahnhof erhielten, in der doch tatsächlich eine tote Maus schwamm ... und nun vergleiche, wie ich in einem dieser wunderbaren Züge heute durchs Land gleite, gefedert und gepolstert, mit Klimaanlage und großen Fenstern, höflichen Beamten und freundlichen Grußworten durch den Lautsprecher, automatischen Türen und verstellbaren Sitzen – man könnte sich wirklich keinen krasseren Gegensatz in der Art des Reisens vorstellen. Was wir damals erfahren haben, soll sich heute noch bei rücksichtslosen Tiertransporten im zivilisierten Europa abspielen … Aber das ist ein anderes Kapitel.

Die Art des Umgangs mit dem Reisenden hat mich zum Nachsinnen gebracht. Ich habe meine Gedanken wieder hinüberspielen lassen zu den Zügen des Heils, die von der Zeit in die Ewigkeit fahren. Und da ist mir ein Anliegen aufgetaucht, das mich eigentlich im Laufe der vielen Fahrkilometer im Dienst der Seelsorge immer mehr bewegt hat: Es hängt so viel davon ab, wie man mit dem Menschen auf der Lebensreise umgeht, wie man mit ihm spricht und welches Klima er spürt und ob er das Gefühl hat, dass man ihm wohl will … Und deshalb rede ich, mit dem Blick auf das Morgen der Kirche, von den Geleisen des seelsorglichen Feingefühls.

Aber ich weiß natürlich, dass ich damit missverstanden werden kann. Man muss ja sofort einwenden, dass der Intercity Gottes kein Luxuszug ist, der Weg ins Heil kein Ruhen auf Schaumgummi und die Seelsorge und Verkündigung keine permanente Ausgabe von Streicheleinheiten. Die Kirchen-Lokomotive hat mit dem Gegenwind des Zeitgeistes zu kämpfen, und die Fahrt ins Heil kennt keinen Nulltarif. Die Verkündigung hat auch unangenehme und unbequeme Wahrheiten zu sagen. Auch die Geleise des pastoralen Feingefühls haben Schienen aus Stahl …

Aber das ändert nichts daran, dass der Herr die Klimaanlage in seinem Zug auf Güte, Menschenfreundlichkeit, Wohlwollen, Verstehen, Großmut und Barmherzigkeit eingestellt wissen wollte. Er hat die Menschen, die Er ja kannte wie sonst keiner, mit großer Behutsamkeit und Geduld behandelt. Es heißt ja von Ihm, dass Er »das geknickte Rohr nicht brechen und den glimmenden Docht nicht löschen wird«. Und Er will ein anziehender Erlöser sein: »Wenn ich erhöht sein werde, werde ich alles an mich ziehen ...« Und zu den selbstbewussten religiösen Paragraphenreitern, die überall nur Sünden witterten, hat Er gesagt: »Wenn ihr bloß begriffen hättet, was das heißt: ›Barmherzigkeit will ich, nicht Opfer‹ ...« Und wenn Er auch weiß, dass man ohne gewisse Formen der Beurteilung in der Welt nicht auskommt, sagt Er doch das warnende Wort, das uns aufhorchen lassen müsste: »Urteilt nicht, damit ihr nicht verurteilt werdet!« Und damit meint Er das anmaßende, lieblose, hochmütige Urteil, das so oft in unserem Intercity die Klimaanlage erkalten lässt, obwohl die Außentemperatur der Gesellschaft sowieso schon frostig ist ...

Nein, ich habe den Gedanken an die »Geleise der pastoralen Einfühlung« nicht erfunden, weil ich von einer Laissez-faire-Kirche träume, die sich möglichst billig verkaufen müsste. Die Trasse des seelsorglichen Feingefühls hat der Herr gelegt. Sie ist heute besonders aktuell. Denn die Zahl der seelisch Verwundeten, Kranken, Gestörten, Verwirrten, Überforderten, Geschädigten, Belasteten und Depressiven war wahrscheinlich noch nie so groß wie heute. Und darum müsste in der Kirche wieder ein Christusbild auftauchen, das die Kirchenväter hoch geschätzt haben, aber das in den letzten Jahrhunderten und Jahrzehnten eher verblasst ist: Jesus, der Arzt. Wenn Futurologen schon vor vielen Jahren festgestellt haben, dass es zum Aufbau einer menschlicheren Welt nichts dringender brauche als ein Mehr an »Empathie« (Einfühlungsvermögen), dann kann ein solcher Appell sicher nicht an der Kirche Christi vorbeigehen.

Zu dieser pastoralen Sensibilität gehört das Bemühen, die Menschen dort abzuholen, wo sie mit ihren Sorgen und Sehnsüchten stehen. Eine Bahnverwaltung muss ja auch immer darauf achten, dass die Züge dort halten, wo die Menschen warten. Sie kann dort, wo vor einer Generation noch ein idyllisches Bauerndorf vor sich hin träumte, heute nicht vorbeifahren, wenn inzwischen daraus ein internationales Tourismuszentrum entstanden ist.

Und sie muss darauf achten, dass die Türen nicht blockieren, wenn jemand zusteigen will. Es gibt ja des Öfteren Hemmungen beim Einstieg in den Kirchenzug. Den einen ist er seit dem Konzil zu schnell gefahren, und sehr vielen fährt er heute zu langsam. Manche haben schlechte Erfahrungen gemacht, sei es mit dem Personal oder mit den Mitreisenden. Vor allem aber wollen heute sehr viele auch im religiös-weltanschaulichen Bereich auf den reinen Individualverkehr umsteigen. Das gibt zwar auch ähnlich chaotische Verhältnisse wie im Verkehr unserer Städte, aber es ist im Trend der Zeit. Und auf der anderen Seite strömt durch diese desorientiert-oberflächliche Gesellschaft sehr viel echte religiöse Sehnsucht und vielfältiger guter Wille, Bereitschaft, zu helfen und Not zu lindern. Man müsste das Gespür dafür haben, das Gute anzusprechen. Wie oft hat Christus das getan! Ob bei Petrus oder bei Nathanael, bei einem heidnischen Hauptmann oder bei der unbekannten Witwe am Opferstock des Tempels, beim verständigen Gesetzeslehrer oder bei den verachteten Samaritanern: Sie hatten sicher alle ihre Schattenseiten und Abgründe – Er aber hat in den mangelhaft gestimmten Seeleninstrumenten die wohlklingende Saite angerührt.

Zu den Geleisen der pastoralen Feinfühligkeit gehört sicher schon die Sprache. Der Mensch von heute wartet auf eine Sprache mit Herz. Der intellektuell hochgestochene Jargon lässt den Kirchenzug an den Menschen genauso vorbeibrausen wie die verstaubte, antiquierte Kirchensprache, die sich an Menschen richtet, die's gar nicht mehr gibt. Es gibt eine religiöse Sprachwelt, die wie die Plüschpracht eines Salonwagens eines gekrönten Hauptes aus dem 19. Jahrhundert wirkt. Aber dieses Fuhrwerk steht eben im Eisenbahnmuseum. Der Gefahr des »Vorbeiredens« muss man sich im religiösen Raum immer bewusst sein, weil eben das Hüten ewiger Wahrheiten manchmal auch dazu verleitet, sich in Sprachkonserven zu flüchten. Die meisten Menschen, vorab die jüngeren, möchten aber auch im religiösen Bereich lieber bei »Nah & Frisch« einkaufen, und nicht nur bei den Dosen. Aber die größte Gefahr für die Trasse seelsorglicher Sensibilität ist gar nicht das Altmodische, sondern das Lieblose. Ich meine vor allem die schnellen »Ausgrenzer«, die flinken »Inquisitoren«, die jede andere Meinung in der Kirche zur Häresie erklären, auch wenn keine einzige Glaubenswahrheit geleugnet wird. Sie erinnern mich an überstrenge Kontrollore, die jede zweite Fahrkarte beanstanden, weil sie sich selber nicht genau auskennen. Die heute leider nicht selten geübte »Häretisierung« von Menschen und Gruppen, die bei genauerem Hinsehen gegen keine einzige verbindliche Glaubenswahrheit verstoßen, ist die gefährlichste Sabotage an den Geleisen des seelsorglichen Feingefühls. Damit kann man vom Intercity des Heils ganze Waggons abhängen.

Vielleicht gehört es auch zur einfühlenden Sprache in Verkündigung und Seelsorge, dass man mit einem gewissen »Understatement der Autorität« spricht. Eingehende Argumentation, Verständnis für auftauchende Schwierigkeiten und die Berufung auf jene Autorität, an der nicht zu rütteln ist – der des ewigen Wortes –: Das alles kommt besser an als der Akzent auf das Amt. Gegen letzteres ist der heutige Mensch überhaupt allergisch, was angesichts der überquellenden Apparate und Strukturen auch verständlich ist.

Es kommt mir viel in den Sinn, wenn ich über die »Geleise des pastoralen Feingefühls« nachdenke – auch hinsichtlich der eigenen, selbst erfahrenen Defizite. Meine Generation ist eben noch aus der Epoche der Viehwaggons gekommen. Eine große Hoffnung sehe ich darin, dass jüngere Generationen von Seelsorgern eher eine größere

Sensibilität in dieser Hinsicht entfalten. Und rundum bestätigt mir das Leben, dass Menschen mit Herz das attraktivste Personal im Intercity des Heils sind ...

GELEISE DER HILFSBEREITSCHAFT

Damit komme ich zu einem Bahnsteig, der Freude macht. An den Geleisen der helfenden Liebe pulst im Bahnhof Kirche das Leben. Da werden laufend Züge abgefertigt, mit den Destinationen zu den verborgenen Nöten der Heimat, zu denen, die sich schwer tun oder durch den Rost fallen, und dann hinaus in die weite Welt. Es gibt Züge für Pflegebedürftige und Suizidgefährdete, Alleinerziehende oder Familien in Bedrängnis, für vereinsamte Senioren oder tschernobylkranke Kinder, für Süchtige und Sandler. Der Wille zum Helfen ist ungebrochen, auf vielen Ebenen, ob im Bereich von spektakulären Katastrophen oder geheimeren sozialen Nöten, in der Förderung von Entwicklung und Bildung oder Hilfe zur Selbsthilfe.

Natürlich kann das kirchliche Eisenbahnnetz der Hilfsbereitschaft nicht flächendeckend helfen, sondern nur modellhaft, und wir müssen nur darauf achten, dass wir aus dem rechten Geist heraus helfen und dass wir das Herz mit Hausverstand verbinden.

Auf dem Bahnsteig der Hilfsbereitschaft gibt es weniger Verspätungen als auf manchen anderen Geleisen. Bei aller selbstkritischen Sicht der Dinge dürfen wir doch sagen, dass dieser Zugbetrieb nicht von gestern ist. Von dem, was auf unserem Verladebahnhof der Nächstenliebe geschieht, könnten manche Staaten und Völkergemeinschaften das eine oder andere lernen, obwohl sie über viel mehr Mittel verfügen. Aber im Allgemeinen hilft die Kirche schneller, billiger, beweglicher, effizienter, unbürokratischer, mit größerer Eigenleistung der Betroffenen, mit besserer Einfühlung in die Verhältnisse und mit erfahrenen und ehrenamtlichen Teams vor Ort. Sie hilft ohne hintergründige Geschäftsinteressen und sie hilft weitherzig. Man fragt nach der Not, nicht nach dem Glaubensbekenntnis. Und auf den Geleisen der kirchlichen Hilfe bleibt beim Umladen nicht so viel bei denen hängen, für die es nicht bestimmt ist – das Handicap vieler staatlicher Hilfen, die auf politische Interessen und Kreise Rücksicht nehmen müssen.

Auf diesen Geleisen der Kirche fährt schon die Zukunft. Die offenen und die tüchtigen Hände der Hilfsbereitschaft sind mir oft ein Trost. Gerade wenn ich aus dem Intercity hinausschaue und wieder einmal ungeduldig werde, weil er über eine Baustelle rumpelt und sich eine Verzögerung einhandelt, dann freut es mich, wenn uns auf einem Nebengleis ein Lastenzug der Caritas überholt, weil eben die Liebe doch schneller ist als alle Expertengespräche über Kirchenstrukturen und Richtungsstreitigkeiten – und das ist tröstlich. Und bei diesem Anblick kommt mir auch ein Wort der Heiligen Schrift in den Sinn, dass nämlich »die Liebe eine Menge Sünden zudecke«, und ich habe das Gefühl, dass unsere Zeit, unsere Gesellschaft und unsere Kirche und wir alle diese Bettwäsche dringend nötig haben.

Und wenn ich dem in Fahrtrichtung entschwindenden Huckepackzug von »Bruder in Not«, »Dreikönigsaktion«, »Caritas« oder »Hungersammlung« nachsinne, fällt mir auch ein, dass im Zielbahnhof des Jüngsten Tages sich der Herr der Welt nach seinen eigenen Worten besonders für die einlaufenden Züge interessieren wird, die um der Nächstenliebe willen gefahren sind – nach dem Motto: »Was ihr dem Geringsten meiner Brüder getan habt, das habt ihr mir getan …«

Wenn ich über die Bahnsteige und Geleise schaue, dann kommt mir vor, als spiele auf den Geleisen der Hilfsbereitschaft ein wenig die Sonne …

FAHRPREIS, ENERGIE UND LOKOMOTIVEN

Zum Schluss bleiben mir bei der Intercity-Meditation noch diese drei Schlagworte.

Zum *Fahrpreis* ist zu sagen, dass der Intercity des Heils *nicht zum Nulltarif* fährt. Er ist zwar – und hierin unterscheidet er sich von den defizitären Staatsbahnen nicht – von der großzügigen Gnade Gottes hoch subventioniert, und ohne sie müsste er den Betrieb sofort einstellen. Wer aber einsteigen will, muss ein Ticket lösen. Zum Unterschied von öffentlichen Eisenbahnunternehmungen hat der erlösende Gott sehr individuell gestaltete und manchmal entsprechend der menschlichen und moralischen Leistungsfähigkeit sehr herabgesetzte Preise, aber ohne den Fahrpreis des guten Willens geht nichts. Das war schon beim mittellosesten Fahrgast in der Heiligen Schrift so, beim »Verlorenen Sohn«: Ohne Betroffenheit, Einsehen, Umkehr und Aufbruch wäre aus der großen Heimreise nichts geworden.

Das Lösen dieses Tickets fällt uns oft schwer. Schon deshalb, weil's im Gegensatz zur Bahn mit einmal nicht getan ist. Wir müssen im Zug immer wieder diesen Aufschlag zahlen. Wir hätten lieber Freikarten. Die Welt stellt Züge bereit, bei denen man die Fahrkarte mit der Aufschrift »Es tut mir Leid« nicht vorweisen muss. Wir leben nämlich in einer perfekten Verdrängungsgesellschaft, die uns Tag und Nacht einredet, dass die Schuld immer bei den anderen liege, bei der Gesellschaft, bei »denen da oben«, den Institutionen, den Zuständen, bei der rundherum herrschenden Scheinmoral – aber nie bei mir. Ein Sprichwort aus Ostafrika lautet: »Das Böse ist ein Hügel, jeder steht auf seinem und zeigt auf einen anderen.«

Und damit wir ja nicht das Ticket mit der Aufschrift »Es tut mir Leid« schreiben müssen, werfen wir uns mit Hingabe auf das »Anderswo-Böse« und empfinden eine heimliche Befriedigung, wenn wir damit gefüttert werden: In den Zeitungs- und Fernsehberichten über Verbrechen, Skandale und Bettgeschichten in prominenten Familien, wir genießen Klatsch und Tratsch und »bad news« aller Art, die ja deshalb ein so gutes Geschäft in Film und Videos und Literatur sind.

Alle Demagogen aller Zeiten haben gewusst, dass sie Sündenböcke schaffen müssen, auf die man die ganze moralische Verachtung schmeißen kann und deren Bekämpfung ein höchst verdienstvolles Werk ist. Die Schuldverdrängung auf Kosten anderer ist ein florierender Industriezweig geworden.

Aber wer in den Intercity steigen will, kommt um die Fahrkarte, auf der »Es tut mir Leid« steht, nicht herum. Und außerdem muss das Herz ein ehrliches »Herr, ich glaube an dich« flüstern. Das ist dann sozusagen der Druck auf den grünen Knopf, der die Tür zum Einsteigen öffnet ...

Was die *Energie* betrifft, so gibt es natürlich keinen Fahrbetrieb ohne sie, weder bei der Eisenbahn noch in der Kirche. Ohne sie läuft nichts. Ich kenne die großen Kraftwerke meiner Heimat, in denen das Wasser zwölfhundert Meter donnernd auf die Turbinen stürzt, dass die Felsenkavernen beben. Und so jagen sie Spitzenenergie durch Europa, auch in die Eisenbahnnetze.

Die Energie für die Züge des Heils ist der Heilige Geist. Er bewegt letztlich alles – den Geleisebau, den Fahrbetrieb, die Weichen und Motoren, die Schranken, die Heizung und die Scheinwerfer, ja auch die Leselampe über meinem Sitz im Abteil. Hinter allem, was sich bewegt und mitreist, lenkt und leitet, schützt und leuchtet, waltet Gottes Geist. Diese Energie ist überall da. Gott schenkt sie aus dem Kraftwerk seiner unendlichen, wogenden und herabstürzenden Liebe.

Wir müssen nur auf eines achten: dass der Bügel unserer Seele die Stromleitung berührt. Es ist für mich immer ein faszinierender Anblick, wenn sich der Bügel einer Lokomotive langsam hebt, der Funke überspringt und alles mit geballter Kraft erfüllt. Den Bügel der Seele heben wir im Gebet. Und der Funke der göttlichen Energie wird überspringen – das hat der Herr versprochen.

Bleiben noch die *Lokomotiven*. Ohne Lokomotiven stehen alle Züge still. Die Lokomotiven – das sind Menschen mit Glaubensfreude, geistlicher Initiative, einem Schuss Hausverstand, der Fähigkeit, zu motivieren und zu begeistern, einer gesunden Belastbarkeit und einem Anflug von franziskanischer Fröhlichkeit. Es gibt diesen Lokomotivpark in verschiedenen Typen und Modellen. Und dass man diese immer wieder antrifft in Organisationen und Pfarrgemeinderäten, in Kindergärten und Schulen, in sozialen Diensten und hinter Klostermauern, unter Geweihten und Nichtgeweihten – das war eines der schönsten Geschenke in meinem Leben. Alle Überlegungen zu den Geleisen ins Morgen bleiben graue Theorie, wenn keine Lokomotiven im Schuppen der Diözese stehen. Darum muss man immer wieder beten, dass aus Gottes Werkhallen neue Lokomotiven kommen. Für einige Bergstrecken brauchen wir überstarke Energiebündel mit Zugkraft ...

So ist das also mit den Geleisen und den Zügen, die ins Morgen fahren. Gottes Intercity-Züge des Heils, die vom irdischen ins himmlische Jerusalem fahren, sind seit dem Ostermorgen unterwegs, manchmal mit Beschleunigung, manchmal mit Verspätung. Wenn sie auf den Geleisen in die Tiefe, in die Weite, ins Miteinander, ins pastorale Feingefühl und in die Hilfsbereitschaft starten, fährt die Verheißung mit ihnen. Und der ganze Fahrbetrieb wird immer ein Zusammenwirken von gutem Willen, menschlicher Armseligkeit und einer Übermacht von Gnade sein. Vielleicht haben Sie doch etwas Mut gewonnen, sich in die Fahrtrichtung zu setzen und lieber in die Zukunft zu hoffen, als wehmütig in die Vergangenheit zurückzuträumen.

Die große Reise

Der Zug fährt in die Ewigkeit.
Der Zug, den du nicht lenkst,
fährt durch das Hügelland der Zeit
viel schneller, als du denkst.

Worauf dein Auge hingestarrt –
schon bist du dort gewesen.
Du kannst bei dieser raschen Fahrt
kaum die Stationen lesen.

Und was in Sehnsucht du gesucht,
und was das Schicksal sendet,
das hat in jäher Schattenflucht
sich ins Vorbei gewendet.

Und Pläne stürzen auf dich zu,
und Sorgen, und Termine –
doch unter allem hört dein Herz
die Räder auf der Schiene.

Und was da kommt, und wächst,
  und schreit –
es bleibt ein flüchtig Spiel ...
Der Zug fährt in die Ewigkeit,
was ruht, ist nur das Ziel.

REISE IN DIE GEBORGENHEIT

DER MENSCH ZWISCHEN ENTFREMDUNG UND HEIMKEHR

Über kein Geleise ins Morgen habe ich im Lauf der Jahre der Seelsorge länger nachgedacht als über das in die Geborgenheit. Denn auf der einen Seite scheint mir, dass diese Trasse in den Sehnsüchten des Menschenlebens vorgezeichnet ist. Auf der anderen Seite finde ich diese Einladung in die Geborgenheit wie ein Leitmotiv in der ganzen Botschaft der Offenbarung. Und ich habe das Gefühl, dass diese Seite der Botschaft in der Verkündigung der Kirche zu oft verdrängt und überdeckt wird, so wie eine zarte Violine eben von den lärmenderen und raumfüllenderen Instrumenten eines Orchesters niedergedröhnt werden kann, wenn der Dirigent nicht die Klangfülle zu Gunsten des Solisten zügelt.

Ich möchte also dem leisen Geigenton, der die Weise von der wahren Heimat des Herzens singt, Gehör verschaffen. Und ich weiß, dass dieser Versuch nicht unproblematisch ist.

Manche könnten diesem Lied von der Geborgenheit mit Misstrauen begegnen: Ist das vielleicht eine neue Variante der »tröstenden Illusion«, wie Sigmund Freud die Religion genannt hat? Es geht um keine selbst gebauten Tröstungen, sondern um Hoffnungen, die in der tiefsten aller Wirklichkeiten begründet sind.

Oder soll hier ein Stück »verlogener heiler Welt« beschworen werden? Nein, wenn wir von der Geborgenheit in dieser Welt reden, ist das immer nur ein Präludium. Ein vollkommenes Sich-zu-Hause-Wissen gibt es hier nicht. Aber das heißt nicht, dass die Fahrt in diesem Leben immer nur durch den undurchdringlichen, düsteren Dschungel der Entfremdung und Sinnlosigkeit gehen muss.

Andere haben vielleicht das Wort »Heimat« in schlechter Erinnerung. Es schmeckt für sie nach kitschiger Idylle, Gefühlsduselei und sentimentalen Klängen, die der Lautsprecher übers Bierzelt plärrt. Aber ich kann versichern, dass die Trasse der Geborgenheit nicht in Richtung Heimatfilm, Herz-und-Schmerz-Roman und Wildererdrama liegt. Ein Berghof ist übrigens für den, der ihn wirklich erlebt hat, nie ein alpenländisches Idyll gewesen, sondern ein recht herber Lebensraum, eine Geborgenheit, die auch Schweiß und Tränen gekostet hat. – Ich muss daran erinnern, dass das Wort »Heimat« in unserer Epoche neu entdeckt wurde. Fast alle, die sich wissenschaftlich um den Menschen bemühen, gestehen inzwischen, dass der Mensch zu seiner Entfaltung unbedingt auch eine »Nische des Vertrauten« braucht. Daran ändern die Dynamik, die Offenheit und die Innovationsbereitschaft, die das Leben heute verlangt, gar nichts. Nein, die »Geleise in die Geborgenheit« führen weder in die Illusion noch in den Kitsch, noch in die Idylle.

»WEH DEM, DER KEINE HEIMAT HAT«

Wenn man nach vielen Jahrzehnten die Erinnerung in seine Schulzeit zurückschweifen lässt, stellt man mit einer gewissen Verwunderung fest, wie wenig von den vielen Stunden, Heften, Büchern und Inhalten eigentlich geblieben ist. Der Bodensatz, der nach acht Jahren Gymnasium als so genannte »Allgemeinbildung« hängen bleibt, ist ziemlich dünn. Aber das eine oder andere Erlebnis, das bis ins Gemüt gedrungen ist, blitzt durchs Leben weiter. Zu einem solchen kehre ich jetzt zurück. Es war im Deutschunterricht. Unser Lehrer konnte ausgezeichnet Gedichte vortragen. So las er uns eines Tages ein Gedicht von Friedrich Nietzsche vor. Es war ein düsteres Gedicht mit Novemberlandschaft, Nebel und schwarzen Krähen, die in

Richtung Stadt fliegen. Und ich habe den Refrain nie vergessen: »Weh dem, der keine Heimat hat …« Der Satz ist mir oft in den Sinn gekommen, bis heute. Er ist nicht nur der Ausdruck von Nietzsches eigener Traurigkeit. Er kommt mir fast wie eine Hymne für das 20. Jahrhundert vor. Er ist – leider – zum »Evergreen« einer millionenfachen menschlichen Erfahrung geworden: dem Verlust der Geborgenheit … »Weh dem, der keine Heimat hat.«

Zwischen Fremde und Heimat

Zum wievielten Male, frag' ich leise
auf dem Bahnsteig, wo ich wieder warte,
nehm' ich meinen Koffer und beginne
eine Reise mit der Rückfahrkarte?

Immer wieder rollt im Rädertakte
eine Sehnsucht, die die Weite sucht,
Glanz der Ferne, ein Stück Abenteuer
rollt mit mir – und heimlich eine Flucht.

Und eh ich es richtig wahrgenommen,
rollen diese Räder mich zurück,
und die Wagen singen: Fahr nach Hause,
denn zu Hause, da erwartet dich das Glück!

So besteigen wir im Leben tausend Züge,
und mit tausend fahren wir hinaus,
und so weit die tausend Züge reisen –
immer wieder will das Herz nach Haus.

Irgendwo ist da ein Fahrdienstleiter,
weiß um jeden Zug durch Zeit und Land
und drückt jedem, der zur Fremde aufbricht,
eine Rückfahrkarte in die Hand.

Dieses Jahrhundert hat die kühnsten Sprünge nach vorne und die deprimierendsten zurück gemacht. Es hat die größten Flüchtlingsströme der Weltgeschichte produziert. Wir haben alle Rekorde an Vertriebenen, Verschleppten, Um- und Ausgesiedelten, Verjagten, Geplünderten, in irgendwelche Lager Gepferchten und argwöhnisch als »Fremde« Verachteten gebrochen. Die Zeit der stolzen Autobahnen hat endlose Elendszüge von Frauen, Kindern, Alten und Kranken über die Straßen gejagt. Diese Zeit des Fortschritts hat Völker auf die Müllhalde geworfen. Und sie wird des bösen Spiels nicht müde. Der düstere Song bleibt aktuell: »Weh dem, der keine Heimat hat ...«

Aber unsere Epoche hat zweifellos auch die größte Zahl *innerlich ungeborgener* Menschen hervorgebracht, und zwar mitten in Frieden und Wohlstand. Wir dürfen den Psychologen und Psychotherapeuten, den Ärzten, Sozialhelfern, Pädagogen und Seelsorgern ruhig glauben: Noch nie gab es einen so hohen Prozentsatz von seelisch Belasteten, Verwirrten, Verunsicherten, Verstörten, Entwurzelten, Depressiven, Resignierenden, Alleingelassenen, Einsamen, Isolierten und Suizidgefährdeten wie heute. Und auch über diese endlosen Reihen schwingt sich der dunkle Refrain von Nietzsches Gedicht ... Die Bücher und Autoren sind Legion, die von den Spannungen reden, in die der Mensch unserer Tage hineingestellt ist: zwischen Entfremdung und Geborgenheit, Verunsicherung und Sicherheitsbedürfnis, Auszug und Heimkehr. Alle, die von Identitätsverlust und Identitätsfindung, von Sinnverlust und Sinn-Entdeckung, von »Urvertrauen« und »innerem Halt«, von der »ruhelosen Gesellschaft« und dem »Tod der Beständigkeit« schreiben, kreisen um unser Thema. Auch die phantastischen Angebote von Gurus und der »Psychoboom« unserer Tage gehören zu dieser Jagd nach dem Verlorenen. New Age sucht ein neues Bewusstsein – und die astrologische Welle verheißt den beruhigenden Rückhalt in den Sternen.

Ich glaube, dass die »Geleise in die Geborgenheit« zu den frequentiertesten Verkehrsadern in der Welt zählen. Unser Lebensstil hat etwas von einem Karussell. Es schleudert uns an die Peripherie hinaus, wo alles nur mehr rasend vorbeihuscht. Es wächst bei so manchem das Bedürfnis, näher zur Achse zu kommen, zur geheimnisvollen Mitte, um die sich alles dreht. Je näher wir ihr kommen, umso ruhiger wird die Bewegung.

Und ich bin überzeugt, dass es eine der vornehmsten Aufgaben der Kirche wäre, dabei zu helfen. Der Herr hat doch einmal dieses Magnetfeld zur wahren Mitte hin angedeutet. »Wenn ich erhöht sein werde, werde ich alle an mich ziehen ...«

Wer mit einer gesunden Vitalität ausgestattet ist, könnte vielleicht doch fragen: Ist es denn nicht gefährlich, den Akzent der Geborgenheit so stark zu setzen? Muss das Leben nicht auch ein Stück Wagnis sein? Muss man nicht schon im Kindesalter übertriebene Behütung vermeiden? Muss man sich nicht auch den Gefahren stellen? Braucht es nicht den Mut zum Risiko, zur Innovation, zum Gang ins Ungeschützte? Muss man nicht auch immer wieder Vertrautes aufgeben, Heimat verlassen und Neuland betreten? Sicher, auch das gehört zum Leben. Aber die beiden Dinge widersprechen sich nicht. Man könnte das Gegenteil behaupten.

Darf ich einen kurzen Abstecher in eine Sportart machen, der man eine gewisse Exponiertheit und Kühnheit sicher nicht absprechen kann? Ich meine das Klettern im steilen Eis. Für diese Art, Wände und Flanken zu überwinden, gibt es eine bestimmte Regel: Von den vier Extremitäten bewegt sich nur eine vorwärts. Die anderen drei müssen fest an der Wand bleiben. Wenn beide Beine festen Stand haben und die Steigeisen sich ins Eis krallen, und die eine Hand den sicheren Halt mit dem Eispickel geschaffen hat, kann sich die andere voraustasten ... So kann man mit großer Sicherheit eine an sich gefährlich scheinende Route bezwingen.

RSI

Dieser kleine Ausflug in die Welt des Bergsteigens zeigt doch recht überzeugend, dass Mut und Halt, Kühnheit und fester Stand einander nicht widersprechen. Wer ins Abenteuer des Lebens geht, braucht auch Heimat. Wer durch den Schneesturm wandert, braucht auch einmal einen Ofen. Warum hat man denn für das so große Unternehmen Mondfahrt sorgfältig Menschen ausgesucht, die nicht nur medizinisch, intellektuell und technisch entsprochen haben, sondern auch über geordnete Beziehungen und eine innere Ausgewogenheit verfügten? Innerer Halt und Lebensmut gehören zusammen. Und heute sind viele Menschen dabei, beides einzubüßen. Und das hat viele Gründe.

DIE ENTBERGENDEN MÄCHTE DER ZEIT

Die Bahntrasse in die Geborgenheit muss in unserer Zeit durch schwieriges Gelände gebaut werden. Die Situation erinnert an den alpinen Bahnbau: Steilhänge, Schluchten, Wildbäche, Muren, Lawinenstriche, brüchiges Gestein. Es gibt so viele entbergende Einflüsse in unserer Zeit. Wenn ihnen Seelsorge und Verkündigung begegnen will, muss man diese Mächte nüchtern sehen.

DIE ENTFREMDUNG VON DER NATUR

In unserer selbst gebauten, künstlichen, hektischen Zivilisation verlassen wir die sanften Rhythmen der Schöpfung. Unsere Lebensvollzüge sind gehetzt. Die Termine meines Kalenders kümmern sich nicht um kürzer werdende Tage und Nächte, um das Leben mit aufsteigendem Licht und hereinbrechender Dunkelheit. Es gibt kein Warten auf Heuschnitt und Almabtrieb, auf Zeiten zum Holzfällen und zum Aufforsten, auf Ernte und all dieses wunderbare Geschehen, das sich von keinem Rationalisierungsprogramm einpeitschen und organisieren lässt. Ich habe diese Welt der Lebensrhythmen als Kind in vielen Bergsommern erlebt. Aber durch mein jetziges Leben rauscht kein Bach mit seinen stetigen, unverdrossenen Kaskaden, die am Unwichtigen vorbeimurmeln und an das Größere erinnern, das hinter der Zeit liegt. Und die Skyline unserer Großstädte hat zwar Bankhochhäuser mit blitzenden Glasfassaden, hinter denen die Lifte auf und ab surren – aber keine Berge, die still und groß in die Wolken ragen und mit Wind und Sonne das Jahrmillionen alte Spiel spielen. Wir haben uns so weit von der Natur entfernt, dass wir, wie Untersuchungen beweisen, sogar den Grundrhythmus des Lebens, das richtige Atmen verlernt haben. Und gerade das Atmen hat viel mit seelischen Haltungen zu tun. Die alten indischen Weisen haben im Sanskrit mit dem Wort »atman« (unser »Atmen«) sogar die Seele des Menschen bezeichnet.

Der Verlust der Rhythmen, aus denen wir seit unvordenklichen Zeiten gekommen sind, trifft uns sicher in der menschlichen Substanz. Aus diesem Grunde hat der große Schweizer Gelehrte Adolf Portmann schon vor vielen Jahren geschrieben, dass es eine der großen Aufgaben in der Zukunft sein werde, die Menschen der Zivilisation immer wieder in Kontakt mit der ursprünglichen Natur zu bringen. Wie oft erleben wir die Bedeutung dieses Appells bei Kindern! Welche Bedeutung hat diese Zielsetzung in der Erziehung! Vielleicht haben wir es selbst erlebt – beim Gang durch die Wälder oder beim Blick über ein Tal, wenn wir beim Schifahren einmal abschwingen und uns etwas Zeit lassen … Schon wenn wir im Garten oder auf einer Wiese die Augen schließen und auf die hundert Stimmen der Schöpfung horchen, zieht so etwas wie Ruhe und ein Zu-sich-selbst-Kommen bei uns ein.

RSI

Für das Lebewesen in der Wildnis bringt der Verlust gewohnter Rhythmen und vertrauter Fährten Verstörtheit, Unruhe, Angst, ja Krankheit und Tod, wie jeder Jäger weiß. Wir sind zwar anpassungsfähiger als Tiere, aber die rücksichtslosen Diktate der Chronometer und Termine, der Maschinen und Computer, der Fahrpläne und Programme, der rollenden Untersätze und Klimaanlagen, der jagenden Bilder und des belastenden Lärms gehen nicht spurlos an den Strukturen unserer Seele vorbei. Wir sind »aufgescheuchte Seelen«, wie es in dem Lied Dietrich Bonhoeffers »Von guten Mächten wunderbar geborgen« heißt – ein Lied, das zum Thema des Geleises in die Geborgenheit passt.

Die alten Mönche haben gewusst, warum sie ihre Klöster in stille Waldtäler oder auf einsame Höhen gebaut haben. Wie viel Ruhe ist im Lauf der Religionsgeschichte von der Natur her in den Menschen und sein spirituelles Bemühen eingedrungen!

Wir dürfen auf dem Weg zum Heil die sanften Wellen der Schöpfung nicht vergessen. Auch wenn unsere Straße durch Supermärkte und Rechenzentren führt – ab und zu müssen wir ins Grüne abbiegen.

Spätestens dann, wenn ein älterer Mensch in ein Heim übersiedelt und eben viele lieb gewordene Dinge nicht mitnehmen kann, erfährt man, dass Dinge Heimat bilden können. Bei den Besuchen in den Zimmern der Senioren sehe ich: die kleine Nippsachensammlung auf der Kommode, ein Bündel Briefe, das vergilbte Foto im Silberrahmen, ein Wallfahrtsandenken, eine Sammeltasse oder eine Ehrenurkunde ... Auf einmal haben Sachen, die für die Erben oft bedeutungslos sind und nicht einmal vom Trödler geachtet werden, einen erstaunlichen Wert. Diese scheinbaren Belanglosigkeiten raunen von lieben Menschen, erzählen von vergangenen Zeiten, flüstern Erinnerungen und holen eine vertraute Welt herein. Sie sind ein Stück Heimat.

Das geliebte Schlaftier hat übrigens für das Kind dieselbe Bedeutung. Der Plüschbär vertreibt Einsamkeit. Auch in der etwas poppig gestalteten Zimmerecke des Jugendlichen gilt der Wert des Dings – und wehe dem, der den Poster des Idols, das T-Shirt mit den Unterschriften oder die selbst gefundene Muschel vom letzten Urlaub verräumen würde!

Aber – so widersprüchlich es klingt – der Zug dieser so einseitig materialistischen Zeit entfernt uns vom Ding. Wir haben so viel. Und wir produzieren so viel Wegwerfdinge, seelen- und bedeutungsloses Zeug, das nie die leiseste Geschichte sammelt und immer stumm bleibt. Es wandert in den Müll. Die Geste des Wegwerfens wird zur typischen Geste der Epoche. Auf den Papierkorb kann ich am wenigsten verzichten. Er füllt sich täglich – und manchmal gibt es mir beim Hineinwerfen einen leisen Stich, weil diese oder jene Zeile auf dem Briefpapier oder der Ansichtskarte solche Behandlung wirklich nicht verdient hätte. Die Menge der Dinge zwingt aber dazu. Die Sachen überschwemmen uns und werden wertlos: Das

Jausenbrot verkommt im Abfallkorb, das Wegwerfbuch verdient keine Schonung, die Wegwerfpackungen, von Designern entworfen, haben mehr Gewicht als das ganze Hotelfrühstück. Wir werfen aber, weil wir so eingeübt sind, auch Bedeutenderes weg: teure Geräte, deren Reparatur sich nicht lohnt, Einrichtungen, die etwas aus der Mode sind. (In den archäologischen Sammlungen staunt man, mit wie viel Sorgfalt und Liebe »primitive« Menschen ihr alltägliches Gerät geschmückt haben.) Wir aber türmen ganze Kordilleren unbeachteten Abfalls auf.

Manchmal bricht diese verdrängte Liebe zum Ding wieder durch: beim nicht verwöhnten Kind, beim einfachen Menschen, der in einer gewissen Schlichtheit lebt. Vielleicht ist der große Trend der Betuchten auf die Antiquität nicht nur Geldanlage, sondern auch eine heimliche Sehnsucht nach dem Ding mit Geschichte und Herz. Während ich diese Zeilen schreibe, liegt auf meinem Schreibtisch ein prächtiger Foto-Bildband neben der Zeichnung einer Siebenjährigen, die sie mir vor ein paar Tagen in der Schule mit strahlenden Augen geschenkt hat. Das kleine Werk der Kinderkunst schlägt in seinem Wert alle Glanzfotos.

ENTFREMDUNG DURCH TRADITIONSVERLUST

Mit diesem Hinweis versuche ich kein Plädoyer für den Traditionalismus. Er betreibt die Versteinerung des Unwichtigen ohne Rücksicht auf das Leben. Die Ehrfurcht vor jener Tradition, die das Christliche und das Menschliche trägt, ist nicht die Betreuung einer Fossilienabteilung im Museum.

Aber der Mensch ist nun einmal so geschaffen, dass er, im Gegensatz zu den Tieren, nur auf den Schultern anderer stehen kann. Er braucht die Erfahrungen derer vor ihm. Und er braucht Werte und Wahrheiten, die man nicht wechseln kann wie die Mode vom letzten Jahr.

RST

Und weil es immer wieder vorkommt, dass die Traditionskritik in Traditionsverachtung umschlägt, musste sogar ein Nobelpreisträger wie Konrad Lorenz, der nicht den Glauben im Auge hatte, sondern nur die Geschehen des Lebens, erklären, dass er den Abbau der Tradition für die siebte Todsünde der zivilisierten Menschheit halte.

Der Mensch hält es nicht aus, wenn er aus allen Ordnungen herausfällt. Wir leben aber in einer Epoche der schnellen Brüche. Auch in diesen Bereichen fällt uns das Wegwerfen leicht. Und zunächst mag man dieses Abstreifen von allem Überkommenen als Befreiung empfinden. Es scheint angenehmer zu sein, auch im religiös-weltanschaulichen Bereich mit dem Korbwagen der Beliebigkeit durch die Regale zu wandern und sich eben nur herauszuholen, was einem vom pluralistischen Angebot passt. Aber wenn man dann zur Kassa kommt, ist der Preis für diese scheinbar große Freiheit höher, als man denkt. Wenn wir mit dieser Privatisierung und Austauschbarkeit aller Werte zurück ins Leben gehen, umsummt uns doch die schwermütige Melodie: »Weh dem, der keine Heimat hat …«

ENTFREMDUNG DURCH ÜBERINFORMATION

Als Karl Steinbuch zu diesen Themen sein Buch »Maßlos informiert« veröffentlichte, schrieb er den Satz: »Die Gefahren für unser Zusammenleben aus dieser Situation (der Überinformation) liegen nicht an der Oberfläche, sondern in der Tiefe, in der Zerrüttung unserer geistigen Grundlagen.«

Es ist nicht leicht, in einer Mediengesellschaft, umweht vom Treibsand der Meinungen, als Mensch einen festen Stand zu finden. Dabei kann natürlich niemand das Rad der Zeit zurückdrehen. Wir müssen mit dieser Welt leben. Und es gibt selbstverständlich großartige Möglichkeiten

der Speicherung des Wissens und der Informationstechnik: Wie hilfreich ist es, wenn man sich die Informationen in einem schwierigen medizinischen Fall innerhalb weniger Minuten von einer zentralen Datenbank holen und damit ein Menschenleben retten kann! Aber wenn ich mir vor Augen halte, was meine Großeltern an Neuigkeiten verarbeiten mussten und was über mich und die Generation hinter mir hereinbricht, dann hat sich die Welt völlig verändert. Dieser Informationsschwall, der sich da um Satelliten drängelt und durch unzählige Kanäle und Kabel auf den Knöpfe drückenden Bildschirmkonsumenten stürzt, ist beängstigend.

Wir sind, was die Informationen betrifft, in Masse, Qualität, Tempo und Beurteilungsmöglichkeit überfordert. In Masse, weil wir schon biologisch für eine derartige Fülle nicht ausgestattet sind.

In Qualität, weil bei den täglichen Informationen das Sensationelle, Belanglose und vor allem das Negative dominiert. Die Macht der Medien rauscht an uns vorbei wie eine Kolonne von Schwerlastern, von denen ein großer Teil mit Vorliebe durch die schmutzigen Lachen der Menschheit prescht und uns ständig mit Dreckspritzern eindeckt: Bad news are good news.

Im Tempo, weil die Sendungen, Schlagworte, Bilder und Eindrücke so schnell aufeinander folgen, dass sie nicht viel weiter als bis zur Netzhaut und eventuell in unkontrollierte Räume der Seele kommen. Bis zum Hirn und zum Herzen reicht die Zeit nicht.

Wir müssen mit diesen Turbulenzen zurechtkommen. Und ich zweifle auch nicht, dass sich neue Strategien der Bewältigung anbahnen. Aber was ich als Seelsorger festhalten muss: Der Mensch von heute hat es schwer, in diesem Trommelfeuer die Persönlichkeit und den Selbststand zu wahren.

Die Geleise in die Geborgenheit müssen mitten durch diese Welt gelegt werden. Wir dürfen uns nicht in ein

Getto oder ein mächtiges Über-Ich flüchten, das uns alles Denken und Entscheiden abnimmt. Hier liegen heute weltweit die Chancen der Fundamentalismen und autoritären Tendenzen. Aber das ist kein Weg in innere Freiheit und echte Geborgenheit.

Der hl. Paulus ist mit der jungen Kirche auch in eine pluralistische Welt hineingestartet. Er hat gewusst, dass das einen besonderen Bildungs- und Überzeugungsprozess braucht. Darum hat er gesagt: »Wir sollen nicht nur unmündige Kinder sein, im Spiel der Wellen hin- und hergetrieben von jedem Widerstreit der Meinungen …« (Eph 4,14) Apropos – »Spiel der Wellen«: Ich habe einmal lange vor der bretonischen Küste einem Fischerboot bei stürmischem Seegang zugeschaut, das auf den Wogen tanzte und doch nicht hilflos trieb und abends mit seinem Fang in den Hafen einfuhr. Die Fischer hatten gelernt, bei Seegang zu arbeiten. Wir werden das auch lernen müssen. Aber der Seegang der Überinformation ist nicht leicht zu bewältigen …

DEFIZITE AN ZUWENDUNG

Diese »Entbergung« trifft viele Menschen zutiefst. Vor einigen Jahren ging ein bewegendes Foto um die Welt. Es stammte aus der Welt der Bootsflüchtlinge im Fernen Osten. Eine junge Mutter watet mit letzter Kraft an den rettenden Strand und presst ihr Kind an sich. Dieses Kind ist »heimatlos« – und doch beheimatet. Es hat eine Mutter. Und wir wissen alle aus tausend Beispielen, die das Leben bietet, dass fundamentale Heimatlosigkeit darin besteht, von niemandem geliebt zu werden und sich von niemandem geliebt zu wissen.

Der Mensch ist als Du-Wesen geschaffen. Und das Gelingen des Lebens hängt weitgehend vom Gelingen der Du-Beziehungen ab. Kein Tier ist in seiner Entwicklung so lange auf Fürsorge und Erziehung angewiesen. Der schon genannte Biologe und Anthropologe Adolf Portmann hat darüber nachgesonnen, warum das wohl so sei, dass der Mensch so hilflos und völlig auf andere angewiesen in die Welt gesetzt werde. Er ist zu dem Schluss gekommen: Nur auf diese Weise kann er die beiden höchsten menschlichen Fähigkeiten erlernen – Glauben und Lieben ...

Darum ist der Verlust der Zuwendung die größte Gefahr für den inneren Halt des Menschen. Und wenn wir bedenken, was durch unsere Gesellschaft an primitiver, oberflächlicher, misslungener oder zerbrochener Liebesbeziehung geht, dann kann man erahnen, wie viele Schicksale damit belastet werden. Wenn heute jemand die Nester von Vögeln zerstörte, stünde er am Pranger. Das Nest der Menschenkinder ist schlechter geschützt. Ein Trost ist nur, dass der Mensch seinen Belastungen nicht hilf- und hoffnungslos ausgeliefert ist.

Die Kraft der Zuwendung ist aber nicht nur im familiären Bereich gefährdet. Was die Fähigkeit zur »Einfühlung in den anderen« betrifft, gibt es so etwas wie eine Belastung des Weltklimas. Die dichte Masse der Menschen in den Ballungsräumen lässt das Mitgefühl schwinden. In die hoch zivilisierte Gesellschaft bricht polare Kaltluft ein. Heimat wächst aber nur im Golfstrom menschlicher Wärme.

ENTBERGUNG DURCH GOTTESVERLUST

In einer Fernsehsendung hat ein Psychologe und Psychotherapeut die Entbergung des Menschen in unserer Zeit angesprochen. Er wurde im Interview gefragt, warum heute die seelische Landschaft bei so vielen Menschen verdüstert sei und deshalb die psychischen Probleme ständig im Steigen begriffen wären. Er hat als ersten Grund genannt: »Weil der Mensch aus allen religiösen Bindungen herausgefallen ist …« Ein Kollege aus demselben Berufsstand hat es positiv formuliert: »Der Mensch braucht das tröstende Geheimnis …«

So ist die bedrohlichste aller Wogen der Gottesverlust. Ich meine damit nicht die Aversion gegen falsche Gottesbilder, die immer wieder aufkommt und nicht immer den Vorwurf des Atheismus verdient. Nein, hier geht es darum, dass der Mensch auf seinem letzten und tiefsten Lebenshorizont das große, liebende Du verliert, dem er vertrauen sollte und das doch alle Rätsel und Ungereimtheiten des Daseins noch einmal liebend umfängt. Diesen Gott kann man sich nicht erdenken oder konstruieren. Wenn er sich nicht geoffenbart hätte, wüssten wir nichts von ihm. Aber sein Verlust gibt dem Wort Nietzsches noch einmal eine besondere, verzweifelte Schwere: »Weh dem, der keine Heimat hat …«

Ich habe mich bei den entbergenden Mächten unserer Zeit deswegen aufgehalten, damit uns klar wird, wie aktuell die »Geleise in die Geborgenheit« für die Kirche von morgen sind. Für eine Kirche der Seelsorge, die in Christus vor allem den Heiler und den Arzt sehen muss, sollten diese Belastungen des Menschen, die ihn in die Fremde treiben, immer vor Augen sein. In der Sprache des Glaubens gibt es für diese Belastungen, in die wir hineingeworfen werden, ein altes Wort: die Erbsünde. Aber sie ist eben nur eine Seite der Medaille. Die andere ist das Heil.

Und nachdem wir jetzt das schwierige Gelände betrachtet haben, durch das die Trasse des Heils hindurch muss, wollen wir doch bei den Geleisen in die Geborgenheit verweilen. Und es ist wie bei den Bahnstrecken im Bergland: Die technisch schwierigsten Strecken, die kühne Brücken, Tunnels und Galerien erfordern, sind gleichzeitig auch die schönsten.

DIE BERGENDE BOTSCHAFT

Wenn man das sagen möchte, was einen im Tiefsten bewegt, ringt man um Worte. Aber die Offenbarung, dass wir trotz allem, trotz dieser belasteten und belastenden Welt, trotz der so berechtigten Vorwürfe des eigenen Herzens und trotz aller frustrierenden Erfahrungen doch von einem unendlichen und gleichzeitig so nahen Gott letztlich umfangen und in Ihm geborgen sind – diese Botschaft schlägt alles. Ich erinnere mich an einen Augenblick in der Vorlesung Karl Rahners im großen Hörsaal der Fakultät, wie er seine oft komplizierten und schwierigen Gedankengänge in lateinischer Sprache plötzlich unterbrach und ganz lapidar und überwältigt sagte: »Meine Herren, die Botschaft des Christentums ist unüberholbar …«

Es gibt nichts Größeres als die Erlösung in Christus. Es ist nur schade, dass wir sie oft so lieblos und unansehnlich verpacken.

Aber schon durch das ganze Alte Testament geht die Kunde von Auszug und Heimkehr, Gefangenschaft und Gelobtem Land, Bedrohung und Rettung. Das wiederholt sich wie ein feines Muster in einem kostbaren Damast. Die schönsten Bilder der orientalischen Poesie singen die Lieder vom bergenden Gott: drohende Schlucht und grünende Weide, dürre Wüste und rieselnder Quell, Flucht vor dem Feind und sichere Burg, hilflose Angst und ragender Fels, müder Wanderer und gastliches Zelt, Totengebein und blühendes Leben, schweigende Harfen in der Fremde und fröhliche Lieder der Heimkehr, einsam piepsender Jungvogel und schützende Schwinge des Adlers, sengende Sonne und schattiger Baum, lastende Schuld und umarmende Güte, Dunkel der Nächte und Wecken des Morgenrots … Durch alle Turbulenzen und Grausamkeiten der Geschichte Israels hindurch summt der Herr diese Kennmelodie seines Waltens in der Welt, immer deutlicher und eindringlicher, bis er das wahr macht, was er angekündigt hat: Heimführen will ich euch von überall her ...

Im Neuen Testament müssen wir nur das schönste aller Gleichnisse aufschlagen, ganze 21 Verse lang, so schlicht, dass es die Vierjährigen im Dorfkindergarten zeichnen und erzählen können, und so tief, dass es kein Denker und Theologe der Welt auszuschöpfen vermag. Es ist das Gleichnis, das das Schicksal der Menschheit und das Schicksal des Menschen schildert, das meine und das deine: Es ist das *Gleichnis vom Verlorenen Sohn* (Lk 5, 11–32). Es ist sozusagen der Hymnus auf die große Heimfahrt.

Der große Bahnhof

Nirgendwo sind mir so viele fremd,
nirgendwo bin ich so überschwemmt,
nirgendwo so viel Gelärm, Gewühle,
nirgendwo so wirr verquerte Ziele.
Nirgendwo mehr Fluten, Drängen, Treiben,
nirgendwo so wenig Rast und Bleiben.
Nirgendwo verliert sich so die Spur,
nirgendwo mehr Blicke auf die Uhr.
Nirgendwo mehr abgerissne Sätze,
nirgendwo mehr Sorge um die Plätze.
Nirgendwo mehr Kommen und Verreisen.
Nirgendwo mehr Träume auf Geleisen –
wie im Blick der Gastarbeiterin,
die im Eck auf alten Koffern kauert
und vor so viel fremder Welt erschauert,
mit dem Kind in ihren festen Armen ...
Nirgendwo –,
nirgendwo mehr heimliches Erbarmen,
unbeachtet, schweigsam, aber wach –
wie das große, weit gespannte Dach ...

Alles hängt von diesem Bilde Gottes ab, darum erscheint es mir auch heute so zentral: Der ausgeflippte Sohn wäre von den Schweinen nie losgekommen, wenn er nicht irgendwo im Herzen verborgen doch noch das Bild eines Vaters gehabt hätte, bei dem man hoffen kann. Der moralische Aufbruch braucht das Mut machende Motiv.

Und das ist der barmherzige Gott. Es gibt oft nichts Tiefsinnigeres als die Sprache. Wenn der Hebräer diese Ureigenschaft Gottes, sein innerstes Fühlen und Mitfühlen, seine Zuwendung und Güte ausdrücken will, dann sagt er »racham«, und wir übersetzen das mit »barmherzig«. Das Wort hat einen wunderbaren Bildhintergrund, weil das Hauptwort »réchem« »Mutterschoß« bedeutet (alle, die im Gottesbild der Heiligen Schrift frauliche Züge suchen, können sich hier bestätigt fühlen). Das ist sozusagen die fundamentale Aussage von Gott: Der Mutterschoß umfängt, schützt, wärmt, nährt, bietet Sicherheit, Heimat und Geborgenheit. Schöner könnte die Kunde vom bergenden Gott gar nicht ausgedrückt werden. – Und plötzlich überkommt uns ein jähes Erschrecken, wenn wir daran denken, dass unsere hoch entwickelte Zivilisation es fertig gebracht hat, den Mutterschoß zum gefährlichsten Aufenthalt des Menschen werden zu lassen, gefährlicher als die Straßen, ja selbst gefährlicher als die Kriegsschauplätze, wie uns die Statistiken lehren. Vielleicht könnten unsere Überlegungen zu Entbergung und Geborgenheit nicht eindrucksvoller symbolisiert und dramatisiert werden als mit dieser Gegenüberstellung: der Mutterschoß – Gott und die Einbuße der Mütterlichkeit in unserer Gesellschaft.

Und so ergibt sich für die Kirche von morgen als erster Appell, darauf zu achten, dass die Botschaft vom bergenden Gott nicht unter die Räder kommt. Die Dominante unserer Verkündigung muss die Weise vom barmherzigen Gott sein, und alles moralische und soziale Bemühen ist ein Echo auf diese Melodie. Wenn wir diesen Part, den schönsten Teil unseres Programms, zu kurz kommen lassen, dann werden die Träumer und Phantasten, die Zampanos und Magier auf den Plan treten und entsprechenden Ersatz anbieten. Im allgemeinen Kirchenkonzert sind heute die Pauken der Autoritätsfragen, die Posaunen von Image und Macht, die Trompetenstöße der Moral und ein paar andere schrille Instrumente um eine Spur zu laut. Da geht jene ergreifende Melodie unter, die um den Brunnen von Samaria weht, den Guten Hirten begleitet, bei der Kindersegnung aufklingt und dann mit ein paar mühsamen Seufzern am Kreuz fast erstirbt, um am Ostermorgen ein großartiges Fortissimo zu erleben. Wir spielen zu viel mit dem Frust und zu wenig mit der Freude. Und eines ist sicher: Die zarte Weise vom bergenden Gott können nur Ergriffene spielen. Die technische Beherrschung theologischer Instrumente genügt hier nicht ...

DER RUF NACH BERGENDEN MENSCHEN

Der freundliche Schaffner ist mir auf meinen Bahnfahrten oft begegnet. Da sich mit der Zeit ein Bekanntenkreis bildet, reicht es für einen kleinen Plausch, und es ist wie überall im Leben: Man reist anders, wenn hinter dem Amt der Mensch hervorzulugen beginnt.

Die Geleise in die Geborgenheit erfordern ein Bahnpersonal eigener Art. Es braucht in Welt und Kirche heute Menschen, die kraft ihrer Persönlichkeit ein Gegengewicht zu jenen Defiziten bilden, die uns heute beeinträchtigen. Das gelingt Menschen, die eine gewisse geistige Ausstrahlung mit Gemütstiefe und Beständigkeit verbinden. »Der Mensch mit Herz« ist in allen Bereichen gefragt. Sogar im nüchternen Raum wirtschaftlichen und betrieblichen Managements hat man erkannt, dass es mit dem »schnel-

len Schalten«, dem großen »Durchsetzungs- und Organisationstalent« allein nicht getan ist. Es gibt viele Sünden, vor denen wir uns als Christen hüten müssen. Am meisten fürchte ich die Herzlosigkeit. Und wenn ich die Evangelien lese, dann habe ich den Eindruck, dass Jesus bei seinen Auseinandersetzungen mit den Fehlformen des Pharisäismus ganz ähnlich denkt. Der christliche Erzieher und Lehrer, der Seelsorger und die Ordensfrau, die Kindergärtnerin und der Arzt und der christliche Politiker, sie bräuchten alle zu ihren Berufszeugnissen das ungeschriebene Diplom der Herzensbildung, das Einfühlungsvermögen, Verstehen und schlichte Solidarität bescheinigt. Dann können sie als Zugbegleitung auf der Bahnstrecke in die Geborgenheit tätig sein.

ES GIBT AUCH BERGENDE VOLLZÜGE ...

Es mag vielleicht ein subjektiver Eindruck sein: Aber der leise Rhythmus der Räder, der auch in gut gefederten Wagen zu spüren ist, hat etwas Beruhigendes.

Und damit sind wir bei einer Seite der Wirklichkeit, die ich schon bei der Entfremdung des Menschen von der Natur angesprochen habe. Wir fallen aus allen Rhythmen. Und dabei hat doch alles Leben diese doppelte Seite: Die eine ist die des Spontanen, Überraschenden, Unberechenbaren. Je höher das Leben steigt, umso mehr ist diese Fähigkeit zur Eigenbewegung ausgeprägt – von der Tierwelt bis zum Menschen. Aber die andere Seite des Lebens bleibt auch bestehen: das Gesetz der Welle und des Rhythmus.

Wir brauchen ja nur an ein Kind zu denken: Auch wenn es einen immer größer werdenden Freiraum zu seiner Entfaltung beansprucht – es braucht auch gewisse Ordnungen und feststehende Riten. Wie viel Beruhigung bringt für ein Kind das »Schlafengehen-Ritual«! Der Tag wird damit eingefangen, die immer wiederholten Gesten bis zum Gutenachtkuss geben Geborgenheit, schaffen Heimat.

Rhythmus und Ritus lassen vertraute Welten wachsen. Das religiöse Leben ist ein Lebensvollzug wie jeder andere. Es braucht, damit es gesund ist, auch diese beiden Elemente: die lebendige Spontaneität und die selbstverständliche Wiederholung. Aber das Zweite ist nicht besonders modern. Man stuft Vollzüge wie Sonntagsgottesdienst und Ähnliches schnell einmal als Zwang, Trott, bloßen Brauch und Äußerlichkeit ein, weil die rhythmischen Selbstverständlichkeiten eben nicht immer mit größter Ergriffenheit vollzogen werden können.

Aber es wäre der Mühe wert, über den tieferen Sinn vorgegebener Riten nachzudenken. Denn so weit die Erde reicht, hat der Mensch Kalender entwickelt, Riten, Feste, Bräuche, Gesten, Worte und Symbole, die sich wiederholen. Auch mitten in einer säkularisierten Welt ist diese Treue zu wiederholenden religiösen Vollzügen notwendig. Wer sie sich einfach abschafft, zahlt einen höheren Preis, als er glaubt.

Eine Lebensgestaltung, die nur nach dem Grundsatz »Was gibt mir das?« ausgerichtet ist, ist eigentlich in keinem Bereich des Daseins möglich. Keine Hausfrau kann es sich leisten, nur dann zu kochen, wenn sie einen kulinarischen Anfall hat. Kein Lehrer kann nur dann zum Unterricht gehen, wenn ihn der pädagogische Eros treibt. Kein Arzt darf es sich erlauben, nur dann eine Visite zu machen, wenn ihn das medizinische Interesse ergreift. Und genauso wenig kann Religion in meinem Leben nur dann Platz haben, wenn ich gerade einen religiösen Anfall habe.

Eine Lebensgestaltung, in der nicht auch das andere zum Tragen kommt – die ungefragte Selbstverständlichkeit und Treue –, verliert nicht nur den Stempel der Echtheit, sie nimmt auf weite Sicht auch Freude. Und

im religiösen Bereich schaffen schlicht wiederkehrende Vollzüge den Raum des Vertrauten und die Heimat des Herzens.

Rilke hat es einmal wunderbar gesagt:
»Und da weiß ich,
dass nichts vergeht,
keine Geste und kein Gebet
(dazu sind die Dinge zu schwer) ...«

Wenn ich auf einer Landstraße an einer bestimmten kleinen und an sich unbedeutenden Kapelle vorbeifahre, erinnere ich mich immer an einen Großkaufmann. Er hat mir in stiller Stunde gestanden, dass er auf seinen Geschäftsreisen dort immer halte und zukehre ... Wie viel Geborgenheit kann ein Wallfahrtsweg vermitteln, vorab zu einem jener leisen Heiligtümer abseits des großen Trubels. Sie bieten mitten in den Turbulenzen der hektischen Zeit für eine kurze Weile Asyl. Und sie flüstern uns zu: Hier bist du zu Hause.

Der Sonntagsgottesdienst, für dessen herzliche und lebendige Gestaltung ich natürlich plädiere, hat eine über das augenblickliche Wohlgefallen hinausgehende Funktion. Im Tempel von Jerusalem stieg zur Zeit Jesu jeden Tag um neun Uhr vormittags und um sechs Uhr abends die Rauchsäule eines Opfers auf. Die Juden nannten es »Tamid«. »Tamid« heißt auf Hebräisch »Immer wieder«. Wenn unsere Frömmigkeit beheimaten soll, braucht sie diese »Immer-wieder-Rauchsäulen«. Der Raum des Heiligen braucht sie. Ein Supermarkt braucht sie nicht. Aber ein Supermarkt wird auch nie eine Heimat. Jesus hat gewusst, warum er dem Tempel das Schicksal des Supermarktes ersparen wollte ...

Rhythmus hat immer etwas Beruhigendes – sogar der Rhythmus der Räder des Zuges, der durch das Land jagt.

DER MENSCH BRAUCHT BERGENDE GEMEINSCHAFTEN

Er braucht sie über den bergenden Ur-Raum der Familie hinaus (ganz besonders dann, wenn diese Zelle der Geborgenheit nicht da ist).

Vor wenigen Tagen habe ich einen Bürgermeister einer Gemeinde von 6 000 Menschen gefragt, wie viele Vereine er habe. Er hat mir geantwortet: 60! – Vielleicht hätte ich vor vielen Jahren über so viel »Vereinsmeierei« gelächelt. Ich lächle schon lange nicht mehr.

Heute weiß ich besser, was dieses Netz von Verbindungen wert ist, das sich über die Gemeinden und Pfarrgemeinden unserer Heimat spannt. Es verhindert die Isolation. Es schafft überschaubare Gruppen, spannt sich über Generationen: In der Musikkapelle bläst der Sechzehnjährige neben dem Sechzigjährigen, im Pfarrgemeinderat reden die Jugendvertreter mit den Senioren. Das Netz geht auch über Berufsstände: Im Alpenverein spurt bei der Schitour der Amtsrat neben dem Facharbeiter, und in der Amnestygruppe sitzt der Jurist neben der Krankenschwester.

Das alles schafft ein Stück Geborgenheit. Sicher heißt das auch Verbindlichkeit, Zeitaufwand und damit verbunden auch ein Stück »Sozialkontrolle«. Wer darin nur »Zwänge« und »lästige Traditionen« sehen kann, fährt am Leben vorbei. Ein Mensch ohne jede Form von »Anschluss« ist irgendwie gefährdet.

Auch in der Kirche braucht es eine Vielfalt solcher Möglichkeiten. Das Netz der bergenden Gemeinschaften muss viele Maschen haben.

Nur eines dürfen diese sekundären Gemeinschaftsformen nicht: Sie dürfen die primäre, die Familie, nicht zerstören. Sie bleibt die Wiege der Menschlichkeit.

RSI

BERGENDE BILDER

Meine Gedanken schweifen weit zurück, zu einem religionspädagogischen Versuch in einer 3. Klasse einer Volksschule. Es ging um eine Bildmeditation mit Kindern. Das Klassenzimmer war abgedunkelt, vorne war ein leuchtendes Dia projiziert. Die Kinder saßen zwanglos auf den Bänken und Tischen und waren still. Und dann begannen sie spontan zu reden, was ihnen bei diesem schönen Landschaftsbild, einem Fluss mit Bäumen, in den Sinn kam. Was ich da zu hören bekam, war so tiefsinnig und originell, dass ich es bis heute nicht vergessen habe.

Und damit sind wir beim bergenden Bild. Nicht jedes eignet sich dazu. Es dürfen keine jagenden, über die Bildschirme huschenden Bilder sein, bei denen das Herz sowieso nicht nachkommt. Natürlich gibt es in der Bilderflut, die sich täglich über uns ergießt, auch das provozierende, anklagende, aggressive, ironische, lustige oder spekulativ-werbende Bild – und alle haben ihre Funktion. Aber sie eignen sich für die oben genannte Zielsetzung nicht.

Das bergende Bild muss so sein, dass es zum stillen Schauen einlädt. Es muss etwas Beruhigendes an sich haben und Heilendes ausstrahlen. Es kann sich um ganz profane Bilder handeln, aber irgendwo müssen sie leise die Tür zum Geheimnisvollen aufmachen. Sie müssen verständlich sein, aber nicht platt. Bilder, die nur informieren, sind für eine solche Stunde mit Kindern unbrauchbar.

Der Computer spuckt solche Bilder nie aus, so nützlich er ist.

Es müssen Bilder von jener Art sein, die der Tiefenpsychologe C. G. Jung für einen unschätzbaren Wert in der Seele hielt, Bilder, die wir in den verborgenen Galerien des Herzens aufhängen und die man wie kostbare Erbstücke hie und da hervorholt.

Manchmal begegnen sie uns in der Malerei oder der Fotografie, oder sie tauchen beim Lesen eines Buches oder beim Hören einer Geschichte auf. Unzählige Male schenkt sie uns die Natur.

Wer solche Bilder in Kinderherzen zaubert, hat für den inneren Halt des jungen Menschen mehr getan, als man mit vielen dürren, gescheiten Sätzen tun kann. Darum schafft intellektualisierte Sprache keine Wohnräume des Geistes. Und deshalb braucht eine heimholende Seelsorge das gute Bild.

Was für die Kinder gilt, gilt auch für Erwachsene. Das Massen-Bildfutter, mit dem uns die Informationstechnik überschüttet und das unverdaut und wirkungslos an uns abrinnt, wirkt eher *verbildend*. Wenn die Kirche das tröstende Geheimnis in die Welt sagen will, braucht sie das bergende Bild.

Mit dem Wort ist es ähnlich wie mit dem Bild. Mit dem Schwall der täglich auf uns einstürmenden gedruckten, gesprochenen und vervielfältigten Worte, die auf allen Wellenlängen um den Erdball flitzen, hat das menschliche Wort eine hohe Inflationsrate erreicht. Mich befällt manchmal die Angst vor der Wörterflut, vor allem dann, wenn ich selbst mein Teil dazu beisteuere.

Wie selten ist ein Wort mit Klang, Nachhall und Tiefe, ein »Glockenwort«, eine Kennmelodie für Geist und Herz, die sich mit ein paar großen Schlägen über den brodelnden Lärm schwingt!

Für die Reise in die Geborgenheit brauchen wir auch hie und da das bergende Wort. Ich meine damit nicht den Lehrsatz, der zur Abwehr von Irrtümern notwendig ist. Ich spreche auch nicht von der Definition – obwohl sich die Theologie darum bemühen muss. Aber das Bemühen um eine möglichst umfassende intellektuelle Darstellung des Glaubensgebäudes schafft noch kein bergendes Wort. Bergende Worte im religiösen Bereich sind nicht nur orthodoxe Konzentrate. Ja, es genügt nicht einmal, wenn man sie ästhetisch bewundern kann wie schöne Dichterzitate. Bergende Worte muss man beten können, nicht nur denken und aufsagen.

Darum plädiere ich für ein bescheidenes Maß lebensbegleitender, schlichter, gültiger, gemeinsamer oder selbst geprägter, persönlicher oder übernommener Formeln – nicht Schlagworte, sondern Herzworte, die etwa jenem Wort des Franz von Assisi gleichen, der eine Nacht lang nur »mein Herr und mein Gott!« gebetet hat; oder dem Jesusgebet russischer Wandermönche, die mit dem Wort »Jesus, erbarme dich meiner« die russischen Weiten durchzogen haben …

Bergende Worte können großen Halt in Belastungen geben, auch beim Abschied aus der Welt. Da greift

RSI

man auf einen vertrauten Schatz zurück, der immer wieder in einer neuen Innigkeit aufblitzt. Ich weiß, wovon ich rede. Ich habe sie murmeln gehört, die bergenden Worte, wenn alle Wörterschwaden der Welt belanglos wurden.

Die Weise erreicht das menschliche Herz am schnellsten. Bei der Schaffung einer vertrauten Welt hat deshalb die Musik in der ganzen Geschichte der Menschheit eine hervorragende Rolle.

Das ist kein Plädoyer gegen das »neue Lied«. Gerade die Jugend muss ihr Lebensgefühl in ihrer musikalischen Sprache zum Ausdruck bringen. Aber die Weise, die »erinnert« und Grundstimmungen der Seele mit neuer Bewegtheit und Ergriffenheit aufsteigen lässt und die wie ein griffbereiter Schlüssel in dem Raum des Mysteriums bereitliegt – die muss es auch geben.

In diesem Zusammenhang möchte ich die in Text und Melodie wunderbare Weise von »O Haupt voll Blut und Wunden« nennen. Das Lied hat höchste künstlerische Qualität und große Schlichtheit. Die Mutter hat es uns schon daheim gelehrt. In der Schule haben wir es im Erstkommunionsjahr gesungen, als Ministranten haben wir es beim Kreuzweg gehört.

Mit dreizehn, vierzehn war man gegenüber frommen Liedern etwas distanziert. Aber als die kirchliche Jugendarbeit in der NS-Zeit in den Untergrund gehen musste, war das Lied wieder auf dem Programm. Und nie werde ich vergessen, wie in der vordersten Frontstellung an einem bitterkalten Gründonnerstagabend diese Melodie sich in mein Funkgerät verirrte. Ich habe das Lied später in den wunderbaren, mehrstimmigen Sätzen von Johann Sebastian Bach gehört. Ich höre es heute in Kirchen und Chören; und wenn ich mir einmal ein letztes Lied wünschen dürfte, wäre es bestimmt die Schlussstrophe dieses Liedes:

»Wenn ich einmal sollt' scheiden,
so scheide nicht von mir,
wenn ich den Tod soll leiden,
so tritt du dann herfür!
Wenn mir am allerbängsten
wird um das Herze sein,
dann reiß mich aus den Ängsten
kraft deiner Angst und Pein ...«

Wir sind jetzt lange bei den »Geleisen in die Geborgenheit« verweilt. Ich glaube, dass die Seelsorge von morgen auf diese Bahntrasse besonders achten müsste. Denn auf der einen Seite ist unsere Welt voll der entbergenden Mächte, die die Menschen des inneren Halts und vieler Stützen berauben, und auf der anderen Seite ist die Botschaft Christi durchtränkt von diesem Ruf, der den Menschen nach Hause holt.

Und wer den verständlichen Einwand macht, dass ich hochaktuelle moralische Forderungen nicht so in den Vordergrund rücke, wie das üblich ist, dem muss ich antworten: Ich streiche sie nicht. Der große Zug des Heils fährt nicht zum Nulltarif. Aber aus der Psychologie der Gewissenswerdung wissen wir es ebenso wie aus den Grundlinien der Offenbarung: Moralisches Gewissen wächst nur bei dem Menschen, der sich geliebt weiß. Wir sind nun einmal so gebaut, dass wir nur jemandem zuliebe uns zum Guten und dem damit verbundenen Verzicht aufraffen können.

Um beim Bahnbau zu bleiben: Zuerst muss man die Pfeiler errichten, bevor man über die Brücke Geleise legen, Masten und Signale aufstellen kann. Und die Pfeiler sind die heimholenden Mächte, die Lebensmut und Vertrauen schenken. Und der Felsengrund, in den sie eingesenkt sind, ist Gott.

Wir haben mit dem Refrain Friedrich Nietzsches begonnen, der mit den Worten »Weh dem, der keine Heimat hat« einer ganzen Epoche des sich von allen Bindungen emanzipierenden Menschen die düstere Kennmelodie vorgesungen hat.

In der Mitte des 20. Jahrhunderts hat ein anderer ein anderes Lied gesungen. Dass es 1944 aus der Todeszelle der Gestapo heraus gesungen wurde, macht es nur umso glaubhafter und gibt ihm eine herbe Echtheit. Ich möchte die Worte Dietrich Bonhoeffers als Hymne für das Morgen des Christseins erwählen:

»Von guten Mächten wunderbar geborgen,
erwarten wir getrost, was kommen mag ...«

LANGSAMFAHRSTELLEN

GEDANKEN ÜBER DIE ZEIT

Wir haben nicht viel Zeit, über die Zeit nachzudenken. Dafür genügt im Allgemeinen ein lässiger Blick aufs Handgelenk: Wir wollen wissen, wie spät es ist und wie viel wir noch Zeit haben für dies und jenes … Aber heute, am Silvesterabend, fährt der Zug der Zeit in den Großbahnhof der Jahreswende ein, und da wird er langsamer. Und wir schauen nachdenklicher auf den Uhrzeiger, der sich der Mitternacht nähert. Und darum ist vielleicht jetzt die Zeit gekommen, über die Zeit nachzusinnen. Man kann ja die Zeit ganz verschieden erleben und betrachten.

MASCHINENZEIT UND MENSCHENZEIT

Diese Unterscheidung ist vielleicht ungewohnt, aber sie hat Aktualität. Bei der Maschine ist die Zeit ein Kostenfaktor in der Produktion. Sie wird zur Sache, die extrem genutzt werden muss. Maschinen sind umso besser, je mehr sie in immer kürzerer Zeit produzieren. Sie machen das immer schneller und tüchtiger, bekommen ihre Programme eingetippt und laufen und laufen, und es ist wichtig, dass sie ein bisschen schneller und rationeller laufen als die der Konkurrenz. Ich will das ja gar nicht bestreiten und auch zur Kenntnis nehmen, dass es wichtig ist. Es ist nur so, dass die Maschinen gegenüber ihren Konstrukteuren, Überwachern und Fütterern immer gebieterischer werden und herrischer auftreten: Die Menschenzeit soll sich der Maschinenzeit beugen. Sicher wird es im Detail da und dort um des allgemeinen Wohles willen eine größere Beweglichkeit betreffs Arbeitszeit geben müssen.

Dem gegenüber hat auch die Kirche in vergangenen Zeiten Einsicht in wirkliche Notwendigkeiten gezeigt. Aber was ich so fürchte, ist die Diktatur der Maschinenzeit.

Jahr für Jahr läuft der Angriff auf die Feiertage wie eine Pflichtübung der Maschinenzeit-Kämpfer ab. Kaum ist das Halali auf den 8. Dezember verklungen, wird schon zum Angriff auf Fronleichnam geblasen. Selbstverständlich ist es nur eine Frage der Zeit, bis andere Tage drankommen. Und bei der Argumentation, dass teure Maschinen eben laufen müssen, kommt natürlich immer wieder der Gedanke der gleitenden Arbeitswoche auf, und damit ist der Sonntag dran. Aber das macht ja nichts, es ist unter Umständen viel vergnüglicher, am Dienstag oder am Mittwoch blauzumachen, da sind die verschiedenen Vergnügungsorte vom Schwimmbad bis zur Schipiste nicht so überlaufen. Nein, es geht nicht um die eine oder andere Korrektur, es geht um die Frage, wer das Leben zu bestimmen hat – die Maschinenzeit oder die Menschenzeit.

Wenn sich der Zeitbegriff des rein ökonomisch-rationellen Kalküls durchsetzt, dann fallen viele menschliche Ordnungen. Es gibt ja keine Zeit mehr, die vom Miteinander menschlicher Beziehungen geprägt ist. Es gibt sie nicht mehr für die Familie, weil Mann und Frau und Kinder in verschiedene Rhythmen gezwungen werden, die gemeinsam verlebte Stunden verunmöglichen. Aber wenn die Wochenenden fallen, fallen auch ungezählte religiöse, kulturelle, soziale und sportliche Initiativen. Für die Probe der Musikkapelle wird es genauso eng wie für die gemeinsame Tour des Alpenvereins, beim Training der Fußballmannschaft fehlen die Leute so wie bei der Besprechung des Bergrettungsdienstes. An diesem weit verzweigten Netz menschlicher Beziehungen hängt aber wesentlich das, was wir Lebensqualität nennen. Das Zerbrechen dieser Ordnungen kommt viel teurer als einige in der Produktion hereingeholte Milliarden. Die Diktatur der Maschinenzeit bedroht das Leben.

Neulich wurde mir gesagt: »Bitte, Italien hat auch den Fronleichnamstag abgeschafft, wir müssen doch auch mit der Zeit gehen!« – Nun, ich habe mit einem Blick auf die Situation Italiens nicht den Eindruck, dass diese Maßnahme die italienische Wirtschaft und Gesellschaft an die Weltspitze hinaufkatapultiert hätte … Könnte man nicht gerade bei diesem Beispiel auf den Gedanken kommen, dass etwas mehr Menschlichkeit, Redlichkeit, Sauberkeit, Arbeitsethos, Verantwortungsbewusstsein und Gewissen wirtschaftlich mehr gebracht hätten als das abgeschaffte Fest? Im 20. Jahrhundert haben die meisten kommunistischen Staaten alle religiösen Feiertage aufgehoben. Auch dort ist nicht der große ökonomische Sprung gekommen. Die Verachtung der Menschenzeit kann sehr teuer kommen.

Wenn die Maschinenzeit das alleinige Szepter schwingt und über Lebensordnungen, menschliche Entfaltungsmöglichkeiten, Traditionen und soziale Bindungen einfach drüberfährt, dann kann das niemals mit einer Erhöhung des Bruttonationalprodukts um ein paar Punkte wettgemacht werden. Darum muss sich die Kirche für die Menschenzeit einsetzen, und ich stelle mit Freude fest, dass sie dabei auch Verbündete findet, sogar in den weit blickenden Wirtschaftskreisen. Zur Zeit Jesu gab's keine Maschinen. Aber auch damals gab es die Einstellung, in der Zeit nur die materielle Chance zu sehen. Zu diesem Typ von Menschen sagt der Herr: »Du Tor, noch heute Nacht wird man von dir das Leben fordern …«

JAGENDE ZEIT UND VERWEILENDE ZEIT

Wir erleben sie alle: die jagende Zeit. Einmal schon deshalb, weil sie eine Epoche der Hast geworden ist. Aber auch im Laufe des gewöhnlichen menschlichen Zeiterlebens erfahren wir, dass die Zeit in der Kindheit schleicht

Die kleine Bahn

Schäm dich nur nicht, kleine Bahn,
wenn sie dich ein Spielzeug nennen,
sei nicht traurig, kleine Bahn,
wenn du sie verlierst, die Rennen,

all die Rennen, die den vielen
immer noch zu langsam laufen,
weil die Schnelleren allein sich
als bewundernswert verkaufen ...

Schäm dich nur nicht, kleine Bahn,
wenn die Spötter dich verschaukeln –
aus den Intercity-Fenstern
sehn sie keine Falter gaukeln,

sehn sie keine Blumen leuchten,
die von Wiesenbächen trinken.
Und von Transeuropazügen
kann man keinen Kindern winken.

Lass sie rasen durch die Lande
auf den schnurgeraden Schienen –
bleibe du bei den weichen,
anschmiegsamen Serpentinen,

und auf ihnen
fahr den großen,
stillen blauen Berg hinan,
der wie du die Hast verachtet –
schäm dich nur nicht, kleine Bahn!

und in der Jugend bummelt. Mit dreißig verfällt sie in Laufschritt und beginnt immer schneller zu vergehen. Wir müssen fast alle auf der Hut sein, dass wir nicht Gehetzte werden. Darum brauchen wir die *verweilende Zeit*. Wir brauchen Stunden, in denen der stürmische Bergbach »Zeit« einen kleinen Stausee bildet, wo es keine aufgeregte Gischt mehr gibt und wo sich ein Stück blauer Himmel spiegeln kann.

Die bekannte Philosophin Jeanne Hersch sagte einmal in einem sehr schönen Essay über die Musik, dass für sie in der Atmosphäre eines eindrucksvollen Konzerts die Zeit innehalte, und ich muss gestehen, dass mir das ähnlich ergeht. Es gibt natürlich viele Langsamfahrstellen für das unruhige Herz und den hastenden Geist: Vielleicht empfindet das jemand, der einen stillen Dom betritt, oder bei einem Buch, das mehr Entspannung als Spannung bietet, oder beim Besuch einer Galerie, oder bei einer Gipfelrast ... Unsere Zeit braucht Ruhebänke. Wir brauchen Augenblicke, in denen es gelingt, in die Dinge, die Geschehnisse und sich selbst hineinzuhorchen und in denen man vielleicht sogar das ferne Rauschen der Brandung der Ewigkeit vernimmt. Das ist das Schönste der verweilenden Zeit, dass sie eine Ahnung von der Gegenwart Gottes vermitteln kann, und wenn wir dessen innewerden, sind wir eigentlich in der Mitte aller Religion. Vielleicht ist auch das Übermaß an jagender Zeit mit schuld, dass der Glaube schwindet. Wir brauchen das Verweilen.

Das hat der Herr auch gewusst. Wie die Jünger kaum Zeit zum Essen fanden und von ihrer Tätigkeit völlig zerfranst waren, hat er zu ihnen gesagt: »Kommt, wir fahren hinüber ans andere Ufer ...« Er konnte ihnen auf der anderen Seite auch nicht den Wirbel ersparen, aber er hat sie wenigstens während der Überfahrt in das Schweigen des Sees von Genezareth geholt.

Man kann die Zeit auch als Geschenk betrachten. Als eines, das man bekommt, und als eines, das man gibt. Um Weihnachten schenken wir viel. Vielleicht wäre das kostbarste Geschenk sehr oft ein Stück Zeit, im Geschenkkarton höflicher Zuneigung und mit der Schleife der Geduld, nicht eingewickelt in das Zeitungspapier nervöser Eile und rasch zusammengeschnürt mit dem Spagat der Lieblosigkeit.

Sie ist ja knapp geworden, die Zeit. Es gehört doch zu einer unserer ständigen Redewendungen, dass wir keine Zeit haben. Ich bin keine Ausnahme. Es trifft mich immer, wenn jemand mir sagt: »Sie hatten keine Zeit für mich ...« Und es ist nur ein schwacher Trost, dass es Christus, der doch der Herr der Zeit ist, auch so ging: Sie bedrängten ihn öfters zu bleiben. Er aber musste ihnen sagen, dass er keine Zeit habe, weil er auch zu den anderen müsse. Er hatte nur drei, vier Jahre für die Botschaft, die die Welt veränderte.

Ich möchte hier einmal allen danken, die anderen Menschen Zeit schenken. Zeit, in der sie zuhören, Zeit, in der sie jemanden ernst nehmen, Zeit, in der sie sich mit einem fremden Schicksal identifizieren, Zeit zum Helfen, Zeit zum Trösten, Zeit zum Spielen mit dem Kind.

Ich danke allen, die Zeit schenken, privat und in Beratungsstellen, bei lästigen Telefonanrufen und in Gesprächen, in Ordinationen und bei Krankenbesuchen, in Briefen und in der Beichte. Wahrscheinlich bräuchte es heute sehr oft so etwas wie eine Spendenaktion an verschenkter Zeit, damit das Leben wärmer würde.

Und das Letzte, bei dem wir innehalten, ist das Bewusstsein der *geschenkten Zeit*, der Zeit als Gottesgeschenk. Alle Jahre sind geschenkt, nicht nur das hohe Alter. Und die Zeit ist deshalb ein so großes Geschenk, weil Gott nicht nur die Stunden, Tage und Jahre, sondern sich selbst in der Zeit schenkt. Er ist gegenwärtig in allem Geschehen

und allen Schicksalen, den erhebenden und den bedrückenden, am Festtagstisch und am Krankenbett. Und er ist immer da als der, der nur will, dass es mit uns gut ausgeht. Die Zeit ist durchtränkt vom Heilswillen Gottes. Er ist in uns und um uns in den Gewöhnlichkeiten des Alltags. Er ist, wie die große Mystikerin Theresia von Avila gesagt hat, sogar zwischen den Kochtöpfen. Je mehr wir diese Gegenwart Gottes finden, umso mehr haben wir Frieden – in dieser Zeit.

Ich wünsche mir also an dieser Langsamfahrstelle der Jahreswende, dass im kommenden Jahr nicht die Maschinenzeit alles terrorisiere und die Menschenzeit gewahrt werde, damit das Leben lebenswert bleibt.

Ich wünsche uns allen, dass wir nicht nur die jagende Zeit erfahren, sondern auch die verweilende, in den stillen Teichen des eiligen Baches, immer wieder zwischen den sich überstürzenden, schäumenden Stunden, Tagen, Wochen und Monaten. Und ich möchte uns allen die Gnade erbitten, dass wir Zeit verschenken können und Zeit als Geschenk erfahren, als Gnade des unendlichen Gottes mitten in der Endlichkeit.

GEDANKEN ÜBER DIE TREUE

Bei den großen Flusskraftwerken gibt es einen Rechen, durch den die Wasser strömen und in dem dann alles hängen bleibt, was so mitgeschwemmt wird. Am Silvesterabend tun wir etwas Ähnliches: Wir treten an den Strom der Zeit und schauen, was da im Rechen der Besinnung im Laufe des Jahres und der Jahre hängen bleibt und was des Bergens wert ist, weil man es bedenken und beherzigen sollte, sei es im Guten oder im Schlechten, – Ereignisse, die betroffen, und solche, die Mut machen. Aber ich möchte aus dem Fluss der Zeit einmal nicht das holen, was man in Kirche und Welt unter dem Titel »Aktualität« zusammenfasst. Es geht mir jetzt nicht um die so genannten »brennenden Fragen«, von denen es ja genug gibt und die täglich durch die Medien geistern.

Ich möchte die Aufmerksamkeit auf das Unsichtbar-Bleibende in den Wellen der Tage, Wochen, Monate und Jahre richten, auf etwas, das größer ist als die verrinnenden Geschehnisse. Ich möchte von der Treue reden. Damit habe ich mir nun wahrhaftig keinen Reißer ausgesucht. In einer Gesellschaft, die eigentlich ständig und in allen Bereichen den Operettentext trällert: »Treu sein – das liegt mir nicht«, ist es gar nicht so leicht, überzeugend von der Treue zu reden. Das ist mir durchaus bewusst. Mit den leisen Sensationen macht man in dieser Welt zunächst keinen Staat – obwohl dann überraschenderweise bei vielen, gerade bei jungen Menschen eine Sensibilität für das Echte da ist, das Hoffnung macht. Und so will ich also das Wort über die Treue wagen.

LOBGESANG AUF DIE TREUE GOTTES

Ich wende zunächst den Blick einer Treue zu, die ungebrochen und unveränderlich über allen Moden und Meinungen, über allen Wellen der Zeit steht – ich meine die *Treue Gottes*. »Deine Treue reicht, o Herr, so weit die Wolken ziehn«, lesen wir im Psalm. Und auf diese Treue muss ich einfach zunächst einen Lobgesang anstimmen. Sie ist nämlich der eigentliche Garant für Stabilität in unserem so unbeständigen Leben. Um beim Bild des Stromes zu bleiben – die Treue ist das Bett, in dem die Zeit fließt. Sie umfängt das Veränderliche, das da aus dem Gestern übers Heute ins Morgen rinnt. Was heißt das: »Gott ist treu«? Das heißt, dass sich seine Einstellung zu uns nie ändert. Seine Liebe brandet unaufhörlich und unverdrossen wie die Wogen des Ozeans an das Ufer der Menschheit, rollt unermüdlich an die Felsen des Unglaubens und der Gleichgültigkeit, sendet immer wieder die klaren Wellen der Barmherzigkeit an die verschmutzten Strände der Sünde, Stunde für Stunde, Tag für Tag, Jahr für Jahr. Gott ist treu, das heißt, dass um jede und jeden von uns diese Zuneigung Gottes brandet und spielt. Sie lässt sich von keinem Leichtsinn auf unserer Seite enttäuschen, sie gibt nie auf. »Wenn wir untreu werden, bleibt er doch treu«, steht in der Schrift. Oder: »Seines Herzens Sinnen waltet von Geschlecht zu Geschlecht, ihre Seelen dem Tod zu entreißen und sie im Hunger zu nähren ...« Die Treue Gottes, mit der er sich um unser Heil sorgt, ist wie der Pulsschlag eines Herzens, das keine Rhythmusstörungen kennt.

MENSCHLICHE TREUE – EIN HAUCH VON GRÖSSE

Darum muss jede Rede über die Treue mit einem Lobgesang auf die Treue Gottes beginnen. Aber ein Loblied allein ist als Antwort zu wenig. Er erwartet von uns den redlichen Versuch, ebenfalls Treue zu üben. Und damit sind wir bei der menschlichen Treue, und das ist ein schwieriges Kapitel. Sie ist immer eine Treue mit Schönheitsfehlern, und man muss natürlich aufpassen, dass sie nicht mit Unselbstständigkeit, Unterwürfigkeit, Starrsinn und ähnlichen unrühmlichen Haltungen verwechselt wird. Aber trotz all dieser Fragwürdigkeiten, die bei uns immer wieder im Hintergrund lauern, hat sie doch einen Hauch von Größe. Und in ihren höchsten Formen hat sie etwas mit der göttlichen Treue gemeinsam: Die wahrhaft große menschliche Liebe ist *nicht auf Widerruf programmiert*, weder die Liebe von Mann und Frau noch die Liebe von Mutter und Kind, noch die Liebe vom Arzt zum leidenden Menschen, noch die Liebe, die in der Kirche den Weg der Gelübde geht. Normalerweise tänzelt die Treue nicht über Laufstege. Sie trägt Arbeitskittel und Alltagskleidung. Darum wird es Zeit, dass ich sie einmal aufs Podest stelle.

FAHRT AN DIE GRENZE

DIE SIEBEN LEISEN LIEDER DES TODES

Das Wissen, dass die Reise der Grenze zugeht, wird natürlich mit den Jahren deutlicher. Ich muss zwar gestehen, dass das Thema »Sterben« auch bei jungen Menschen immer wieder eine Aufmerksamkeit auslöst, die überraschend ist. Aber normalerweise tritt dieses Interesse an der Vergänglichkeit der menschlichen Existenz und den Fragen, die dahinter stehen, in jungen Jahren wieder hinter die Anliegen des Vitalen zurück. Wenn ich den leisen Wandel der Dinge am morgendlichen Zeitungslesen messe, dann ist es eben so, dass man drei Phasen feststellen kann: die Epoche, in der man am liebsten die Sportseite anschaut, dann die andere, in der das Geschehen in Öffentlichkeit, Wirtschaft und Kultur am fesselndsten ist, und schließlich die Zeit, in der man sich für die Todesanzeigen mehr zu interessieren beginnt. Sie häufen sich immer mehr aus dem Kreis der Gleichaltrigen, und so erinnert man sich, dass man die Fahrkarte für die Reise an die Grenze gelöst hat. Vielleicht macht die Bahnstrecke noch ein paar Schleifen durch herbstliche Seitentäler, aber das ändert nichts daran, dass der Grenzbahnhof eben näher rückt. Und wir haben zur Kenntnis zu nehmen, dass wir die einzigen Lebewesen sind, die um ihr Sterbenmüssen *wissen*.

Diese nüchterne Feststellung wischt natürlich das dunkle Rätsel des Todes nicht einfach weg. Es taucht immer wieder auf, wenn uns ein lieber Mensch verlässt. Und selbst wenn der Tod im Krieg mit dem Motormäher fährt, weil er's mit der Sense gar nicht mehr schafft, bleibt die uralte Frage, die die Menschheit immer schon bewegt hat, seit sie ihren Verstorbenen Spielzeug, Speisen, Schmuck und Waffen mit ins Grab gab oder sie mit dem Gesicht nach Sonnenaufgang bestattete.

Es gab und gibt in der zivilisierten Welt viele Formen der Todesverdrängung. Das ist auch begreiflich, weil eine ins Materielle gepolte Gesellschaft im Tod nicht viel mehr sehen kann als einen Betriebsunfall, den man möglichst rasch und steril verräumt, damit der Verkehr oder die Produktion ungehindert weiterlaufen kann. Das einzig Interessante ist dann die Erbschaftsfrage.

Umso erfreulicher ist es, dass es heute auch so etwas wie eine »Zuwendung zum Tod hin« gibt. Sie äußert sich zunächst in einem wachsenden Interesse am Geschehen des Todes, vor allem auch an den Erlebnissen jener, die sozusagen schon in den Grenzbahnhof eingelaufen waren, aber noch einmal herausrangiert wurden. Auch die Psychologie tastet sich über die letzten Weichen vor, die der müde gewordene Wagen des Lebens passiert ... Besonders begrüßenswert sind die Bestrebungen, den Tod mit Menschlichkeit und Anteilnahme zu umgeben. Diese Zuwendung zum Sterbenden bietet ein erfreuliches Gegengewicht zu den ehrfurchtslosen Strategien jener, die das Sterben rasch und effizient auf chemischem Weg erledigen wollen.

Wenn in diesem Buch schon von der großen Eisenbahnfahrt des Lebens die Rede ist, will ich mit den Gedanken auch ein wenig bei der Einfahrt in den Grenzbahnhof verweilen. Als Gläubige wissen wir, dass hinter ihm die große, unfassbare Verheißung wartet. Der Gott, der sich uns schenken will, lässt unseren Zug nicht in einen sich ermüdend-wiederholenden Kreisverkehr der Wiedergeburten im Diesseits abbiegen. Die asiatischen Religionen empfinden diese Vorstellung als eine Belastung, der es zu entrinnen gilt. Der Intercity Christi fährt über die Grenze in ein Land, für dessen Fülle und Schönheit wir keine Prospekte drucken können.

Fahrt an die Grenze

Leise hat die Fahrt begonnen,
leise in den Morgensonnen
deiner Kindheit. Im Gefunkel
der Erinnerungen leise
lag der Anfang deiner Reise
wie die Stadt, bevor das Dunkel

des Tunnels die bunten Bilder
jäh beendet und ein wilder
Lärm drohend dich befällt.
Schwarze Felsen, Kerkerwände
und die bleichen Totenhände
einer bösen, fremden Welt.

Doch mit einem Schlage weichen
die Gespenster. Wir erreichen
wieder Licht und helles Land.
Und es zeigt sich deinen Blicken,
dass die Bahn mit kühnen Brücken
Schlucht und Ängste überspannt.

Weiter geht die Fahrt und weiter,
einmal dunkel, einmal heiter,
höher steigend spürst du, dass
durch die Herbste, durch die Lenze
immer näher rückt die Grenze.
Und du suchst den Reisepass.

Aber die Einfahrt in den Grenzbahnhof ist für die meisten Menschen eine düstere Wegstrecke. Ich will das Sterben nicht beschönigen. Es kann die Angst, das Erschrecken, eine grenzenlose Schwäche und das Weh des Abschieds über ihm liegen.

Ich habe das auch oft so erlebt. Und doch – manchmal lag über dem gläubigen Sterben auch ein Schimmer. Ich meine damit keine Sensationen oder phantastischen Offenbarungen von »drüben«, sondern nur tröstliche Signale, grüne Lichter auf der letzten Nebelstrecke, die Vertrauen, Mut und Gelassenheit ausstrahlen. Es waren leise Lieder zwischen den dumpfen Paukenschlägen, ein paar Takte Vorspiel zu der großen »Symphonie von der Neuen Welt«, die die Heerscharen spielen.

Und die erste kleine Erinnerung kreist tatsächlich um Tod und Eisenbahnfahrt.

DIE HEIMREISE DES GROSSVATERS

Als unser Großvater im Sterben lag, hat man seinen Tod vor uns Kindern nicht versteckt. Der alte Mann hat uns viel bedeutet. Wir besaßen nämlich weder Radio noch Fernsehen – wir hatten nur einen Großvater, der uns Abend für Abend vor dem Einschlafen Geschichten erzählte, meistens Erinnerungen aus seinen Kindertagen in Klausen in Südtirol, Geschehnisse, die weit in die Mitte des 19. Jahrhunderts zurückreichen.

An seinem letzten Tag saß ich als Zehnjähriger eine Zeit lang als Wache an seinem Bett. Da lag er nun also, schmal, bleich und mit flachem Atem. Er hat mich kaum mehr wahrgenommen – zumindest schien es mir so. Die Nachmittagssonne schien durchs Marillenspalier herein, und der fiebernde Großvater ging auf Reise.

Er sprach immer wieder vor sich hin und nannte Station um Station. Die Fahrt ging nach Süden, in die Richtung der Heimat, um die seine Erinnerungen so oft gekreist waren. So ging es über den Brenner, und er verweilte bei den Orten, die auch mir alle bekannt waren. Seine Lippen murmelten die erreichten Ziele, und es war jedes Mal, als beträte er eine vertraute Welt. Und so tauchten Gossensass auf, Sterzing und Franzensfeste und das weite Tal von Brixen. Er hat einen Abstecher nach Neustift bei Brixen gemacht zum »Brunnen der acht Weltwunder« im Klosterhof – und dann kam die alte Bischofsstadt selbst. Er nannte die Türme und die Bauten, den Dom und die Gassen. Und weiter ging es, den Eisack hinunter, und der Atem des Großvaters wurde immer mühsamer. Als der Felsen von Säben auftauchte, habe ich die anderen geholt. Als wir um ihn standen und die Mutter die Kerze anzündete, war der Großvater in Klausen, beim Heimathaus in der alten Straße auf der Bergseite, mit dem Lichthof im Innern. Und nachdem er den ganzen Nachmittag nach Hause gefahren war, ist er dann gestorben.

Ich bin immer froh gewesen, dass man den Tod vor uns Kindern nicht versteckt hat und dass ich diese Stunde mit dem Großvater verbringen durfte. Seine letzte Reise vergesse ich nie.

DIE STUDENTENBUDE

An sich hatte das kleine Zimmer im zweiten Stock des ehrwürdigen Konviktes Canisianum in Innsbruck mit dem Tod nicht allzu viel zu tun. Hier hatten Theologiestudenten aus aller Herren Länder gehaust und die alte Bude mit mehr oder weniger intensivem Studium und einem dosierten Heiligkeitsstreben erfüllt. Die Einrichtung mit den spinatgrün gestrichenen Möbeln entsprach nicht unbedingt den Vorstellungen einer gepflegten Innenarchitektur. Das Fenster bot einen züchtigen

Ausblick in den Garten des Frauenklosters jenseits der Straße, und so wäre über diesen Aufenthaltsort eigentlich nicht viel zu berichten, wenn nicht in den ersten Wochen des Studienjahres meine Mutter auf Besuch gekommen wäre.

Trotz aller Dürftigkeit des Lebens und der Umstände waren diese Tage nach dem Krieg eine glückliche Zeit, was einer heutigen Generation etwas schwierig zu erklären ist. Aber man war aller Angst und Not entronnen, durfte mit Thomas von Aquin oder friedlichen Kirchenlehrern spielen, statt Wache zu schieben und alle Augenblicke in volle Deckung zu gehen, und man hatte – welches Wunder – ein eigenes Bett, in dem man die ganze Nacht durchschlafen durfte, ohne für irgendeine Ablösung geweckt zu werden. Der Spuk war vorbei, und die Erde hatte uns wieder, um mit Goethes Faust zu sprechen.

Damals kam meine Mutter auf Besuch, und ich stand mit ihr vor der Fassade des Konvikts, zeigte ihr das dritte Fenster von rechts im zweiten Stock und sagte: »Das ist meine Bude!«

Die Mutter schaute hinauf und wurde ganz nachdenklich: »Ist das wirklich dein Zimmer? – Ausgerechnet das ...?«

»Ja, warum, – was hat es mit dem Zimmer?« Ich war verwundert.

»In diesem Zimmer hat dein Vater vor siebzehn Jahren, knapp vor seinem Tod, die letzten Exerzitien gemacht. Er ist ganz gelöst und glücklich herausgekommen und hat mir das Zimmer gezeigt, wie ich auf ihn gewartet habe ... Und dabei hat er doch sein Ende geahnt ...«

So bin ich als Theologiestudent in den Raum eingezogen, in dem mein Vater seinen letzten Frieden mit Gott gemacht hatte. Das Zimmer ist damit doch etwas mehr geworden als eine unpersönliche, abgewohnte Studentenbude mit irgendeiner Nummer auf der Tür. Auch wenn ich nicht immer daran dachte, der Raum hatte ein gewisses Fluidum. Es war so, als wäre er der geometrische Ort, wo sich zwei Lebenskreise überschneiden, der meines Vaters, den ich als Siebenjähriger verlor, und der meine. Ich habe nun in diesem Raum, der dem Vater die letzte Rast geboten hatte, das Alte und das Neue Testament und die Skripten Josef Andreas Jungmanns und Karl Rahners studiert und erlebt, welche wunderbare Welt da aufging. Ich habe in dieser Bude selbst die jährlichen Exerzitien gemacht und zum ersten Mal das Brevier gebetet. Andere haben schöne Spruchtafeln an die Wand gehängt – aber für mich war ein Testament ohne Worte an die Wand geschrieben, und in der simplen Studentenbude mit dem trostlos gestrichenen Stehpult und dem alten Kasten war jene andere Welt, die wir uns meist so fremd und fern denken, in einer fast familiären Vertrautheit und Intensität ganz nahe, ohne irgendwie bedrückend zu sein. Es war, als ob unsere beiden Lebenskreise noch einmal von einem Gewaltigen, Allumfassenden umrundet wären. Mag sein, dass hie und da auch der Gedanke von einer Art Wachheit gegenüber dem Sterben hereinspielte, aber es lag doch ein Friede über allem, und es wäre mir schwer gefallen, das Zusammentreffen nur als einen interessanten Zufall zu betrachten. In diesem Studierzimmer im zweiten Stock, drittes Fenster von rechts, im ehrwürdigen Konvikt spielte der Tod wie eine verhaltene Orgel – eine Fuge vom Geheimnis der Fügungen –, und dieses Lied hat mich durch Jahrzehnte begleitet.

ABSCHIED AM POLARKREIS

Der Tornea-Elv und seine Seitenarme, die die Grenze zwischen Finnland und Schweden bilden, sind kalte Gewässer, und in jenen Oktobertagen waren sie für uns noch ein paar Grade kälter und unwirtlicher, wenn wir sie watend und schwimmend durchqueren mussten. In den verfärbten Birkenwäldern und dem herbstlichen Heidekraut, auf das in der Nacht der erste Schnee gefallen war, tobte die letzte große Abwehrschlacht, die uns aufrieb.

Ich erinnere mich noch ganz genau: Es war eine kleine Waldwiese. Die schräge Sonne, die da droben um diese Jahreszeit den Kampf gegen die Kälte schon längst aufgegeben hatte und dabei war, auch den Kampf gegen die Polarnacht zu verlieren, schien durch die dürftigen Birken, als mein Freund Rudi zu mir herüberkam. Wir waren dabei, uns mit den Funkgeräten auf den Angriff vorzubereiten. Wir zwei waren für die erste Welle bestimmt, die mit den Schlauchbooten übersetzen sollte. Das war nun nichts Besonderes, wenn man an die vergangenen Jahre dachte. Es hatte sich immer so ergeben, dass wir zwei übrig blieben. Helden waren wir beide nicht, weder von Natur aus noch aus heroischen Anwandlungen. Wir kamen beide aus der katholischen Jugendbewegung und wussten um den Wahnsinn dieses Krieges, in den wir als winziges Rädchen und billiges Kanonenfutter eingespannt waren. Wir verstanden uns ausgezeichnet. Die Nächte vorher – auf den viele hundert Kilometer langen Märschen – hatten wir manchmal nebeneinander leise Lieder gesungen, die wir auswendig kannten, um uns über die Trostlosigkeit unserer Lage und die kalten Nordlichter hinwegzutrösten. In der Jugendbewegung kannte man unzählige Lieder. Aber sonst war für Sentimentalitäten kein Raum. Man kann sich in derartigen Lebenssituationen nichts leisten, damit »einen nicht das Elend überkommt«, wie man in Tirol sagt. Einmal, in einer Marschpause im Straßengraben, hat der sonst wortkarge und gelassene Rudi mit einer echten Verzweiflung in der Stimme in die Dunkelheit hinein gesagt: »Du – was sind wir doch für arme Schweine …« Das war schon an der Grenze dessen, was man sich an hochkommenden Gefühlen der Depression gestatten durfte … Wir haben auch nie voneinander Abschied genommen, wenn es wieder einmal losging.

Aber eben – auf dieser kleinen Waldwiese am Polarkreis, an diesem Oktobertag kam er auf mich zu. Ich kauerte am Boden und war mit der Ausrüstung beschäftigt. Rundherum war Hektik. Die Pioniere schleppten gerade die Schlauchboote vorbei. Das eigene Trommelfeuer jaulte über unsere Köpfe hinweg. Ich schaute fragend auf: »Rudi, brauchst du etwas?«

Er zögerte. Ich sehe ihn heute noch ganz lebendig vor mir. Auf dem Stahlhelm spielte durchs Birkenlaub ein bisschen blasses Licht. Er war nicht aufgeregt, nur etwas eigenartig versonnen.

»Nein«, hat er gesagt, »ich brauche nichts. – Oder doch – ich möchte dich um etwas bitten …«

»Ja, was?«

»Ich möchte dich bitten«, sagte er ganz langsam, »dass du nach Hause schreibst, wenn jetzt etwas passiert …«

»Ach, Rudi, was soll denn passieren? Bis jetzt sind wir immer durchgekommen in diesen drei Jahren, am Ilmensee, am Gangaschwara, am Bunkerrücken … Du weißt doch, wir sind immer durchgekommen …« Selbstverständlich habe ich genau gewusst, dass das alles ziemlich dumme Sprüche waren. Aber so redet man halt, wenn man die eigene Angst beschwichtigen will, die immer kalt und unerbittlich über den Rücken herauf kriecht, wenn die letzten Befehle kommen. Rudi lässt sich nicht abwimmeln und bleibt vor mir stehen. Ich richte mich auf, und auf einmal weiß ich, dass diesmal die billigen Sprüche fehl am Platz sind.

Er schaut mich an, lange, und sagt dann: »Wenn jetzt etwas passiert, dann schreibst du nach Hause – ja? Und dann schreibst du ihnen, dass sie sich um mich gar keine Sorgen machen sollen. Es geht alles in Ordnung. Schreib

RSI

ihnen, –«, und er wird trotz des Lärms rundherum leise, »schreib ihnen, dass ich vorgestern beim Feldgottesdienst bei der heiligen Kommunion war …, kann ich mich drauf verlassen?«

»Natürlich kannst du dich drauf verlassen, Rudi, aber schau …«. »Gut«, sagt er, lächelt ein bisschen, dreht sich um und stapft durch das Heidekraut zum Funkgerät hinüber … aber nur ein paar Schritte, dann dreht er sich um, kommt noch einmal zurück und tut etwas, was wir die ganzen Jahre nie getan haben: Er gibt mir die Hand. Zehn Minuten später ist die Hölle los. Wir geraten ins Sperrfeuer. Ich bin in meiner Angst ganz fest an den Boden gepresst, wie neben mir die schwere Granate einschlägt. Sie wirft mich ein paar Meter hinaus – halb betäubt rapple ich mich auf. Ich bin unverletzt. Und ich rieche den unvergesslichen, schrecklichen Geruch des Volltreffers, diese entsetzliche Mischung von Explosivstoff und lebendigem Fleisch. Ich kümmere mich um den nächsten Verwundeten, und dann fällt mein Blick auf Rudi. Er war, ohne dass ich es wusste, ganz nah bei mir gewesen. Es hatte ihn schwer getroffen. – Eine Hand fehlte – die Hand, die er mir eben gereicht hatte … Sie zerren ihn aus dem Trichter heraus. Er schaut mich noch einmal an, aber auch für diesen Blick bleibt nicht viel Zeit. Tausend Dinge habe ich vergessen, aber nie diesen Blick. Wenige Minuten später ist er dann auf dem Verbandplatz gestorben.

Zum Schreiben an die Mutter bin ich erst viel später gekommen. Und ein Menschenalter später hat man mich eingeladen, wieder zum Polarkreis zu fahren, im feinen Wagen, von Hotel zu Hotel. Ich bin der Einladung nicht gefolgt. Da droben warten ein paar Dinge auf mich, die nicht so recht zum touristischen Vergnügen passen. Aber wenn ich einmal fahren sollte, ich glaube, ich würde die kleine birkenumstandene Lichtung finden.

Der Granattrichter wird zwar überwachsen sein. Aber wenn ich mich auf einen der Granitblöcke setzte, die da herumlagen – ich glaube nicht, dass ich zunächst das Grauen verbannen könnte und die Last der Erinnerung. Aber wenn dann der Wind leise durch die zarten Blätter der Birken führe, die inzwischen gewachsen sind – dann müsste doch auch eine verhaltene, tröstliche Melodie über die Waldwiese am Polarkreis hinweg singen, eine Weise von Todesahnung und Geborgenheit und einer über allem waltenden Vorsehung ...

DIE LETZTE FELDPOSTKARTE

Irgendwo in einer Schublade ruhte sie vergraben, die Schachtel mit der alten Post, die man eigentlich nie mehr anschaut, weil das Wühlen in der Vergangenheit manchmal mehr Last als Vergnügen sein kann. In besagter Schachtel lag die fleckige Feldpostkarte ganz unten, genau genommen an vorletzter Stelle. Das war die Post, die noch in den Apriltagen des Jahres 1945 ausgetragen worden war, und sie stammte von meinem jüngeren Bruder. Er war zuletzt irgendwo in jener Gegend zwischen Oberschlesien und der ehemaligen Tschechoslowakei, wo das Heimatschloss Josephs von Eichendorff steht und wo man eigentlich vermuten möchte, dass immer ein Hauch von Wander- und Abendliedern über der Landschaft liegen müsste, wie wir sie aus den Liederbüchern unserer Kindheit und Jugend kannten. Und Eichendorff hatte es meinem Bruder besonders angetan. Die Werke dieses Dichters nahmen in der Bibliothek einen Ehrenplatz ein, und mein Bruder wollte sich wohl der Germanistik zuwenden. Und außerdem liegt an der Südmauer der Pfarrkirche von Innsbruck-Wilten, in der mein Bruder in schweren Verfolgungszeiten als Ministrantenboss tätig war, der Bruder Josephs von Eichendorff begraben ...

Aber trotzdem – von den Gesängen Eichendorffs wird mein Bruder damals nicht viel mitbekommen haben, als in der genannten Gegend seine Einheit als letztes Aufgebot in die Schlacht geworfen wurde.

Von dort stammt die Karte.

»2. April 1945. Liebe Mama, mach Dir ja keine Sorgen um mich. Eben habe ich bei der heiligen Messe, die ein Divisionspfarrer feierte, ministriert und vorgebetet wie daheim. Ich war auch bei der heiligen Kommunion. Wir sind in Gottes Hand. Es kann kommen, was will. Mit herzlichem Gruß, Dein Gottfried ...«

Die Karte darunter war überhaupt die letzte Post, die im Krieg ausgetragen wurde. Sie kam vom Kompaniechef: »Verehrte Frau Stecher, ich muss Ihnen leider mitteilen, dass Ihr Sohn Gottfried am 4. April bei einem Gefecht gefallen ist ...«

Vielleicht waren die beiden Karten der Grund, warum meine Mutter die Schachtel mit der alten Post so weit ins Eck der Schublade geschoben hatte. Sie hat sie nie mehr angeschaut. Aber immer wieder einmal hat sie gesagt, wie froh sie um den letzten Gruß ihres Jüngsten ist. Die vorletzte Karte ließe die letzte viel leichter ertragen ...

Mir ist natürlich klar, dass dieses Schicksal hinter den beiden Karten nur eins von den Millionen Schicksalen ist, die damals über Menschen und Familien hereinbrachen, als der Tod mit Mähdreschern über Europa fuhr. Und da man ja in diesem verbrecherischen Krieg nicht die geringste Sinngebung erkennen konnte, wurde der Eindruck noch beklemmender, dass der Massentod dem Sterben des Menschen jede personale Würde zu nehmen schien, als ginge es um das Verenden von Ungeziefer, Fliegen oder Lemmingen.

Aber das, was auf dieser letzten Feldpostkarte meines Bruders steht, nimmt mir eigentlich diese bestürzende Vision von der rücksichtslosen, breiten Walze, die über Schlachtfelder und Konzentrationslager, über Flüchtlinge und brennende Städte fuhr, die Individuen unter sich

begrabend, ihre Persönlichkeit, alle Träume und Lebensentwürfe missachtend und alles in einen riesigen Brei der Verwesung einstampfend … Es ist doch nicht so. Es hat jeder seinen eigenen Tod, seine Stunde, gleichgültig ob in einem Krankenbett oder in einem Schützengraben, auf der Straße oder auf der stillen Bank im Park. Es gibt immer und für jeden eine Liebe, die ihn nicht vergisst, und mit ihr auch eine umsorgte Todesstunde. Die Regie des großen Heils versagt nicht einmal in der Materialschlacht. Vielleicht tun Sie sich schwer, mir in diesem Vertrauen zu folgen. Aber ich glaube daran, weil ER es verheißen hat.

Und die zerknitterte Feldpostkarte ist nur ein Signal, ein kleiner Hinweis, dass es so ist. Wenn ich sie heute in die Hand nehme, sind über die vergessenen Gräber im ehemaligen österreichischen Oberschlesien schon längst die Grasnarben gewachsen.

Aber für mich singt dieser Kartengruß, Dokument einer unmenschlichen Zeit, doch ein heimliches Lied. Vielleicht doch eines von Eichendorff?

Der Soldat

Und wenn es einst dunkelt –
der Erd' bin ich satt –
durchs Abendrot funkelt
eine prächtige Stadt.
Von den goldenen Türmen
singet der Chor. –
Wir aber stürmen
das himmlische Tor.

DER ALTE BAUER

Er lag in einem alten, balkendunklen Hof hoch über dem Tal. Ich bin bei meinen Versehgängen über die Sonnenseite immer gerne bei ihm zugekehrt. Er war ein abgeschundener Mann, wie das bei unseren Bergbauern oft gewesen ist.

Sein Zustand war hoffnungslos – und das wusste er schon lange. Es war für mich als Priester gar nicht so schwer, mit ihm über das Sterben zu reden. In sterilen, mit allen Hilfen moderner Medizin ausgestatteten Räumen fällt das meistens schwerer. Die Infusionsflaschen, Sauerstoffzelte und portionierten Medikamente bilden ja eine eindrucksvolle und sehr oft höchst erfolgreiche und bewundernswerte Verschwörung gegen den Tod. Man kommt immer wieder in Versuchung, angesichts dieser geballten Wissenschaft und Technik den Gedanken an den Tod auch dann noch wegzuwedeln, wenn alle Kunst der Medizin nichts mehr nützen kann und die Apparaturen zu hilflosen Attrappen werden ... Der alte Bauer in seiner Stube war natürlich schlecht ausgerüstet, was dieses ganze erleichternde und lindernde Ambiente betrifft. Aber was seine seelische Verfassung anging, hätte man das nicht behaupten können. Er strömte eine Art nüchterner, gelassener Bewusstheit aus, die mich, den gelernten Theologen und Seelsorger, mit Staunen erfüllte. (Wenn ich den steilen Weg durch die Wiesen hinunter ins Tal ging, hab ich mich oft gefragt, wer nun eigentlich wen getröstet hat ...)

Er wollte zunächst die Sache mit dem Sterben unbedingt etwas aufgeschoben wissen, weil, wie er mir eröffnete, nächste Woche die Schafe von der Alm kämen – und da müsste er den Jungen unbedingt sagen, welche sie verkaufen sollten. Das verstünden sie nämlich noch nicht so gut, weil ihnen eben die Erfahrung fehle ...

Die Schafe kamen, und er ließ sie tatsächlich in die Stube hereintreiben, begutachtete sie und fuhr mit der

Hand liebkosend in ihre Wolle und gab dann seine Anweisungen. Damit war ein Wunsch hinsichtlich des Sterbetermins erfüllt.

Aber er hatte noch einen.

Er konnte sich mit einem Tod ausgerechnet während einer Schönwetterperiode nicht anfreunden. »Schau«, hat er zu mir gesagt, als ich an einem wunderbaren Tag am Hof vorbeikam, »bei schönem Wetter möchte ich nicht sterben …«

Ich habe ihn etwas verwundert angeschaut. Eine Koordination von Sterbetag und Wetterbericht war mir noch nicht untergekommen. »Ja, weißt du«, meinte er, »jetzt, bei dem schönen Wetter, müssen die Leute Heu einführen. Da haben sie keine Zeit zum Beten. Wer käm da schon zum Rosenkranz? Wenn eine Regenwoche kommt, das wär mir viel lieber. Ich wünsch mir schon, dass sie für mich beten. Da haben sie dann viel besser Zeit – ich weiß ja, wie das ist …«

Er dachte über sein Sterben genauso wie über die rechte Zeit zum Baumfällen, zum Mistbreiten und zum Kartoffelgraben.

Und dann kam die Regenwoche.

Er machte sich reisefertig. Wie ich neben ihm gesessen bin, kam er wieder auf das Eigentliche zu reden.

»Eins muss ich dir schon sagen«, stößt er – schon etwas mühsam – hervor, »schön ist es nicht, das Sterben …«

Und dann kam eine Pause.

»Aber ich denk mir, jetzt am Schluss, wird mich der Herrgott auch nicht wegschmeißen wie einen alten Fetzen …«

Das war's. Ich habe eine Menge Vorlesungen über die Letzten Dinge an der Theologischen Fakultät gehört und eine Reihe von Büchern über Thanatologie (die Wissenschaft vom Tode) gelesen. Der Bauer auf Obereggen hat sie alle geschlagen. Mir kommt vor, mit diesem Wort vom alten Fetzen, den die ewige Güte nicht wegschmeißt,

kann man leben und sterben. Wer von uns kommt sich nicht manchmal wie ein alter Fetzen vor?

Im Brevier stoße ich immer wieder einmal auf das Psalmwort »Kostbar ist in den Augen des Herrn der Tod seiner Heiligen ...« Da kommt mir auch die Stube auf dem Berghof in den Sinn. Und wenn ich mir den muffigen Raum mit dem Krankengeruch und den kleinen Fenstern in Erinnerung rufe, dem alten Getäfel, dem Herrgottswinkel und der Kerze auf dem Tisch, dann kommt sie wieder auf, die leise, tröstliche Melodie, in diesem Fall wie eine Volksweise, aber nicht so ein schmalzig-sentimentales Zeug, das die Lautsprecher vom Schilift neben dem Haus herunterplärren, sondern eine von den alten, echten, kraftvollen Weisen, wie man sie von schönen Harfen hören kann.

DAS ALTE KIRCHENLIED

Der Herr Medizinalrat war zeitlebens ein guter Arzt gewesen, mit viel Einfühlung und einem kleinen, gesunden Schuss Grobheit, die seine Patienten ganz gerne hingenommen haben. Aber zur Frequenz des Sonntagsgottesdienstes hatte er während der letzten 60 Jahre vermutlich ziemlich wenig beigetragen. Da gab es für ihn uralte Hemmschwellen – ich weiß nicht genau, wo ihre Wurzeln lagen. Vielleicht hat er's selbst nicht mehr genau gewusst. Vielleicht waren es die Zeiten, die er durchlaufen hatte, und die Wunden, die manche Epochen hinterlassen. Vielleicht waren es ein paar ungute Erinnerungen und mit ihnen eine kritische und gefühlsmäßige Distanz oder eben ein Rückzug aus dem Kirchlichen auf ein ganz zuhinterst in der Seele liegendes religiöses Urempfinden, wie es in unserer vom Individualismus geprägten Gesellschaft gar nicht selten vorkommt. Was immer es war – eine derartige liturgisch-sakramentale

Enthaltsamkeit schleift sich ziemlich leicht und schmerzlos ein, zumal der Herr Medizinalrat immer viel zu tun hatte. Trotz allem hätte man ihm Unrecht getan, wenn man ihn als »Ungläubigen« bezeichnet hätte. Und wenn man ihm vorgeworfen hätte, er sei ein »nicht praktizierender Katholik« (so lautet die Fachbezeichnung für derartiges Verhalten), dann hätte er wahrscheinlich nur gebrummelt, er praktiziere bei der leidenden Menschheit, und das sei ja schließlich auch im Sinne des obersten Chefs ...

Aber ich muss gestehen, dass wir eigentlich ganz gut miteinander reden konnten, als er mit einem aussichtslosen Karzinom im Spital lag und ich ihn öfters besuchte. Von Mal zu Mal wurde es schlechter, und schließlich ging es dem Ende zu.

Ich war mit massiveren Bekehrungsversuchen immer recht zurückhaltend gewesen. Ich wusste, dass das Thema bei ihm heikel war. Er war nicht von der Art, die »zu Kreuze kriecht«, wie es eine lieblose Formulierung ausdrückt. Ich hatte das Gefühl, dass er hier eine verletzliche Stelle hatte, und da ist es in der Seelsorge wie in der Medizin: Hühneraugen heilen nicht durch Drauftreten, sondern durch Herausweichen, und der liebe Gott hat dafür oft gute Salben in der Apotheke, bessere als wir.

Aber nun bin ich doch an seinem Bett gesessen und habe seine Hand gehalten und ihn leise gefragt, ob es ihm recht wäre, wenn ich mit ihm ein wenig beten würde. Er nickte – das Sprechen fiel ihm schon schwer. Er konnte kaum die Augen aufmachen.

Nun war ich mit dem Beten etwas in Verlegenheit, ich suchte nach den rechten Worten – aber es fiel mir so gar nichts Passendes ein. Da nahm ich mir ein Herz und begann langsam und schlicht mit dem alten Gebet, das man früher häufig gesungen hat:

»Jesus, dir leb' ich,
Jesus, dir sterb' ich,
Jesus, dein bin ich
im Leben und im Tod ...«

Da schlägt er die Augen auf und sagt: »Das kenn ich ... Das haben wir gelernt, wie ich acht Jahre war ... Der Katechet damals – das war ein guter Mensch ... Beten Sie's noch einmal ...«

Und so habe ich es noch einmal gebetet, und man hat ihm angemerkt, dass die Lippen mitzubeten versuchten und dass vor allem das Herz ganz dabei war.

Es war nicht zu simpel, das alte Kirchenlied aus der Erstkommunionzeit. In der Nähe des Todes wird alles geistreich-scharfsinnige Geplauder sowieso überflüssig, und alles Gespreizte und Komplizierte muss verstummen. Es ist so ähnlich wie bei einer Gleichung mit zwei Unbekannten, mit vielen Brüchen und Wurzeln und Plus- und Minus-Vorzeichen. Der Tod streicht zusammen und löst auf, und am Ende bleibt wirklich nur »x ist gleich«, und »y ist gleich« und das X bin ich, das von mir oft selbst so wenig redlich Erkannte –, und y ist Gott, der von mir so oft Verdrängte und beiseite Geschobene. Und wenn diese beiden Unbekannten aus der wirren Gleichung des Lebens herausgekürzt und in ihrem Stellenwert erkannt sind, dann rückt die Lösung heran und das schwierige Rechenexempel der Brüche, die die Schuld verursacht haben, und der Wurzeln, die so tief in der Seele und im Geschick verborgen waren, beginnt sich zu erhellen, und manches, was wir zur dritten und vierten Potenz erhoben haben, weil wir es für allein wichtig gehalten haben, hebt sich auf ...

Und unter Umständen geschieht dies eben bei der Erinnerung an ein altes Kirchenlied, das weiter nichts ausdrückt als ein großes Vertrauen, das nicht mehr viele Wenn und Aber kennt.

Er ist gut gestorben, der Herr Medizinalrat. Ich bin auch überzeugt, dass eine Unmenge ehemaliger Patienten aus allen Winkeln der Ewigkeit zusammengeströmt ist, um ihn zu begrüßen. Ich weiß natürlich nicht genau, wie es da zugeht, aber eine selige Vollendung ohne Dankbarkeit ist wohl undenkbar.

Was für eine Weise hat hier der Tod gesummt? Ein einfaches, altes Kirchenlied – und es hat doch für ein großartiges Finale gereicht ...

GUTE-NACHT-LIED AUF DER KINDERKLINIK

Eine hochmoderne Klinik ist alles andere als ein Ort mit musikalischem Flair. Zwischen Krankenbetten, Infusionsgalgen, Röntgengeräten, Scannern, Operationssälen, Medikamentenschränken, Aufwachräumen und den besorgt-geschäftigen Gestalten in den weißen oder grünen Mänteln schweben keine Melodien. Aber der Vierjährige, der mit dem nicht mehr operablen und kaum heilbaren Kopftumor in der Klinik liegt, wartet immer mit Sehnsucht auf eine Schwester, die ihm etwas vorsingt. Dabei fällt es ihr gar nicht leicht, dieses Singen.

Es ist hart, wenn man einem Kind beim langsamen Sterben zuschauen muss. Da bäumt sich doch etwas in uns auf: Ein Kind ist doch ein Bündel von Vitalität, Hoffnung und Lebenserwartung, voll Fragen und Staunen, will aufblühen und Türen aufmachen, hinter denen die Wunder warten ... Und das alles welkt leise weg wie eine kleine Blume, die vom großen Strauß aus der Vase gefallen ist und nun auf dem Tisch liegt und kein Wasser mehr hat. Der Vierjährige hat einen ganz besonderen Wunsch: Ihm haben es die Sterne angetan. In den Bilderbüchern will er am liebsten den blauen Himmel sehen. Ich habe ihm deshalb ein schönes Bilderbuch vom Weihnachtsstern geschickt. Und wenn die Schwester kommt, die ihm die Kinderlieder vorsingt, will er immer eines hören:

»Weißt du, wie viel Sternlein stehen
an dem blauen Himmelszelt?
Weißt du, wie viel Wolken gehen
weit hin über alle Welt?
Gott, der Herr, hat sie gezählet,
dass ihm auch nicht eines fehlet
an der ganzen, großen Zahl ...«

Dieses Lied singt ihm die Schwester leise vor, und die Worte und die Weise träufeln ins kleine Herz, viel behutsamer und wohltuender als die Tropfen der Chemotherapie, an der er hängt.

Wenn Sie das hier lesen und kein Wunder geschehen ist, weiß der Vierjährige schon längst, wie viele Sternlein stehen, weil er zu dem heimgegangen ist, der alles zählt, die Sterne, die Wolken und die Stunden, Tage und Monate, die ein kleiner Bub in der Klinik verbringen muss, und auch die Schmerzen und Sehnsüchte eines Kindes, das im Krankenbett von den Sternen träumt.

Es ist kein rührendes Märchen, das ich hier festhalte, sondern eine winzige, aber ganz reale Episode in einer Riesenklinik, im soundsovielten Stock und einem der vielen Zimmer.

Aber dieses Lied, das eine einfühlsame Schwester einem Kind vorsingt, das (wie wir es empfinden) viel zu früh auf die große Reise geht, bewegt mich mehr als das Requiem von Verdi beim Prominentenbegräbnis.

An sich ist der Tod ja die Stunde des Verstummens.

Die Wissenschaft verstummt, wenn die letzten Gehirnströme verlöschen und nur noch das eine oder andere Organ müde vibriert. Die nervösen Zeiger und Schreiber auf den Messgeräten und Bildschirmen geben auf, und die Wellenlinien fallen zusammen. Die allgegenwärtigen, flinken Interviewer verstummen, weil fürs Mikrofon nichts mehr zu holen ist. Neulich trat ein beachtlicher Kreis von Literaten aus verschiedenen Ländern zusammen, um das Thema »Tod in der Literatur« zu besprechen. Sie haben festgestellt, dass eigentlich auch die Literatur vor dem Tod verstummt. Alles verstummt.

Und dass in dieses große Verstummen hinein eine Schwester (die ich sehr bewundere) das Kinderlied singt »Weißt du, wie viel Sternlein stehen an dem blauen Himmelszelt?« und mit diesem Lied das Hoffen auf ein Leben aufsteigen lässt, dem gegenüber dieses Leben nichts anderes als ein mühsames Vegetieren ist, – das ringt mir Staunen ab. Und darum möchte ich die leisen Lieder des Todes mit diesem Kinderlied ausklingen lassen.

Es gibt viele Zusammenklänge von Musik und Tod. Man mag an die ergreifende Wehmut der »Kindertotenlieder« von Gustav Mahler denken, an das Requiem von Mozart, an die heroisch-getragenen Klänge eines Trauermarsches – oder vielleicht kommt einem Bildschirmgewohnten ein düsterer Western mit dem Titel »Spiel mir das Lied vom Tod« in den Sinn.

Die sieben verhaltenen Weisen, die mir bei diesen kleinen Erinnerungen aufgestiegen sind und von denen keine erfunden ist, haben weder Pathos noch Schwermut, noch überwältigende Ästhetik, noch Heroisches, noch Pseudo-

RSI

heroisches zu bieten. Sie sind eigentlich nur kleine grüne Lichtsignale, die die Fahrt für den letzten Streckenabschnitt im Nebel oder im Tunnel freigeben, Zeichen, die uns Mut machen, auf den Geleisen des Heils auch noch das letzte Stück getrost zu fahren, das in die große Verheißung führt ...

ZU DEN BILDERN

Weitere Bücher von REINHOLD STECHER im Tyrolia-Verlag

Augenblicke

Rückblicke, Ausblicke

152 Seiten; 24 Aquarelle des Autors; gebunden

ISBN 3-7022-2501-3

Werte im Wellengang

Ungewöhnliche Interviews

160 Seiten; 17 Aquarelle des Autors; gebunden

ISBN 3-7022-2342-8

MC zum Buch: ISBN 3-7022-2381-0

CD zum Buch: ISBN 3-7022-2382-7

Die leisen Seiten der Weihnacht

144 Seiten; 20 Aquarelle des Autors; gebunden

ISBN 3-7022-2187-5

MC zum Buch: ISBN 3-7022- 2198-0

CD zum Buch: ISBN 3-7022-2194-8

Botschaft der Berge

100 Seiten; 24 doppelseitige Farbfotos; gebunden

ISBN 3-7022-1569-7

Video: Botschaft der Berge. Unterwegs mit Bischof Stecher

ISBN 3-7022-2288-X

Ein Singen geht über die Erde

Österliche Bilder und Gedanken

88 Seiten; 22 Aquarelle des Autors; gebunden

ISBN 3-7022-1873-4

MC zum Buch: ISBN 3-7022-2232-4

CD zum Buch: ISBN 3-7022-2231-6

Heiter-besinnlich rund um den Krummstab

100 Seiten; 13 Karikaturen des Autors; Leinen

ISBN 3-7022-1802-5

MC zum Buch: ISBN 3-7022-2146-8

Fröhlich und ernst unter der Mitra

104 Seiten; 17 Karikaturen des Autors; Leinen

ISBN 3-7022-2047-X

Liebe ohne Widerruf

Betrachtungen

60 Seiten, Broschur

ISBN 3-7022-1423-2

Licht-Bilder

48 Seiten; 20 Farbfotos von Angelika Haller-Defner; gebunden

Tyrolia-Verlag · Innsbruck-Wien